LE GUIDE DE L'ENTRETIEN DES PLANTES SUCCULENTES

APPRENEZ LES BASES DE L'ENTRETIEN DES SUCCULENTES ET CACTUS RAPIDEMENT ET SIMPLEMENT

SOMMAIRE

Introduction

Qu'est-ce qu'une succulente ? 1
Informations sur les plantes succulentes 2
Types de plantes succulentes 4

Partie 1 : Entretien des plantes succulentes

Chapitre 1 : Cactus et succulentes dans votre maison

Informations supplémentaires sur les plantes succulentes 5
Cactus et plantes succulentes à la maison 7
Entretiens aux plantes succulentes et aux cactus 8

Chapitre 2 : Terreau pour la culture des succulentes

À propos du mélange de terreau pour succulentes 11
Faire du terreau pour les succulentes 12

Chapitre 3 : Arrosage des plantes succulentes

Quand arroser une succulente 14
La quantité d'eau nécessaires 15

Chapitre 4 : Fertiliser les succulentes

Besoins en engrais des succulentes 17
Quand nourrir les cactus et les succulentes 18
Nourrir les succulentes et les cactus 19

Chapitre 5 : Propagation des cactus et succulentes

Propagation des morceaux de feuilles de succulentes 20
Enraciner les feuilles de succulentes 21
Prélever des boutures de cactus 22

Chapitre 6 : Cultiver des plantes succulentes

Plantation de graines de plantes succulentes 24
Comment semer des graines de plantes succulentes 25

Chapitre 7 : Que sont les rejetons succulents ?

Comment identifier les rejetons des succulentes 27
Que faire des rejetons succulents 29

Chapitre 8 : Division des plantes succulentes

Quand puis-je diviser les plantes succulentes ? 30
Comment diviser une succulente 31

Chapitre 9 : Taille des plantes succulentes

Raisons de couper une plante succulente 32
Quand tailler les succulentes 34

Chapitre 10 : Soins hivernaux des succulentes

Hivernage des succulentes en intérieur 35

Chapitre 11 : Entretien des plantes succulentes en pot

Comment entretenir les succulentes en pots 37
Entretiens supplémentaires 39

Chapitre 12 : Comment créer un terrarium de succulentes

Instructions pour le terrarium de succulentes 41
Créer des terrariums de succulentes 42
Entretiens des terrariums de succulentes 43

Chapitre 13 : Jardins de succulentes en extérieur

Conception d'un jardin de plantes succulentes 44
Plantes succulentes d'extérieur 45
Comment planifier un jardin de succulentes en extérieur 46
Entretiens des plantes succulentes de jardin 47

Chapitre 14 : Jardins de succulentes en extérieur

Informations sur le temps de plantation des succulentes 48
Périodes de plantation des succulentes 49

Chapitre 15 : Arrangements de succulentes zen
À propos de Zen Succulent Arrangements 51
Créez vos succulentes zen 52

Partie 2 : Entretien des cactus

Chapitre 16 : Terreau pour cactus
Conditions de culture des cactus 54
Qu'est-ce que le mélange pour cactus ? 56
Comment faire du terreau pour cactus ? 57
Comment savoir si vous avez besoin d'un autre sol ? 58

Chapitre 17 : Arroser les plantes de cactus
À quelle fréquence faut-il arroser les cactus ? 59
Arrosage des plantes de cactus 61
Comment arroser un cactus ? 62

Chapitre 18 : Planter des graines de cactus
Comment et quand planter des graines de cactus ? 63

Chapitre 19 : Suppression des repousses de cactus
Types de cactus qui produisent des feuilles mortes 67
Comment enlever les rejetons cactus sur les plantes 67
Culture des cactus 68

Chapitre 20 : Comment rempoter un cactus
Outils pour le rempotage des cactus 70
Quand rempoter un cactus ? 71
Comment rempoter un cactus ? 72

Chapitre 21 : Information sur la taille des cactus
Peut-on tailler un cactus ? 73
Comment couper un cactus 75
Que faire des parties taillées ? 76

Chapitre 22 : Créer un jardin de cactus

Types de cactus 77
Conseils pour l'aménagement des cactus 79

Partie 3 : Problèmes de culture des succulentes et cactus

Chapitre 23 : Parasites courants des plantes succulentes

Moucherons fongiques 80
Pucerons 81
Cochenilles 82

Chapitre 24 : Problèmes d'arrosage des succulentes

Problèmes d'eau des succulentes 84
L'eau idéale pour les succulentes 85

Chapitre 25 : Réparer la pourriture des succulentes

Pourquoi les succulentes pourrissent-elles ? 88
Prévention de la pourriture des racines de succulentes 89
Comment arrêter la pourriture des racines des succulentes 90

Chapitre 26 : Plantes succulentes tombantes

Premiers signes d'un dessèchement excessif des succulentes 91
Que faire pour une succulente aux feuilles tombantes ? 92
Comment éviter que les plantes succulentes ne s'affaissent ? 93

Chapitre 27 : Plante succulente qui ne fleurit pas

Pourquoi ma succulente ne fleurit-elle pas ? 94
Faire fleurir une succulente 95

Chapitre 28 : Cactus trop arrosé

Symptômes d'un excès d'eau chez les cactus 97
Comment éviter l'arrosage excessif des plantes de cactus ? 98

Chapitre 29 : Traiter les problèmes fongiques des cactus

Types de dommages fongiques chez les cactus 99
Causes des lésions fongiques sur les cactus 101
Comment traiter les champignons sur les cactus ? 102

INTRODUCTION

Qu'est-ce qu'une succulente ?

Les succulentes sont un groupe de plantes aux formes, couleurs et floraisons parmi les plus variées. Ces spécimens faciles à entretenir, à l'intérieur comme à l'extérieur, sont un rêve pour le jardinier pressé. Qu'est-ce qu'une plante succulente ? Les plantes succulentes sont des plantes spécialisées qui stockent l'eau dans leurs feuilles et/ou leurs tiges. Elles sont remarquablement adaptées aux climats rudes où l'eau est rare ou arrive sporadiquement.

Certaines personnes définit une succulente comme "pleine de jus" ou "juteuse".

Curieusement, certains botanistes et experts en horticulture ne s'accordent pas sur les plantes qui sont techniquement des plantes succulentes. Leur apparence diffère d'une espèce à l'autre, mais une caractéristique commune est le gonflement des feuilles, des coussinets ou des tiges.

La classification exacte d'une certaine plante devra être confiée aux experts, mais quoi qu'il en soit, tous les types de plantes succulentes ou celles qui ressemblent à des plantes succulentes sont agréables à l'œil, nécessitent peu de soins et produisent de délicieuses petites surprises au cours de leur cycle de vie.

Toujours selon le dictionnaire, une plante succulente possède des tiges ou des feuilles épaisses qui stockent l'eau. Cette adaptation unique permet à la plante de survivre dans les régions du monde où l'humidité est faible. On pense souvent que les plantes succulentes ne sont originaires que des régions arides, comme les déserts, mais elles sont également présentes dans les forêts, les régions alpines, les côtes et les zones tropicales sèches. Il existe plus de 50 familles classées dans la catégorie des plantes succulentes. Il existe des plantes succulentes xérophiles qui se développent dans les zones sèches et des plantes halophiles qui vivent dans des sols salins tourbeux. Les plantes succulentes xérophiles sont les plus connues et sont largement disponibles comme plantes d'intérieur ou de jardin.

Informations sur les plantes succulentes

Si la plupart des plantes succulentes ont besoin de températures chaudes, d'un sol modérément sec et bien drainé et de soleil, certaines peuvent supporter des températures plus fraîches, voire carrément froides.

Ces succulentes rustiques sont capables de résister à de brèves gelées et d'éviter les dommages causés par le gel. De temps en temps, des coups de froid forcent une plante à entrer en dormance, mais les types rustiques bien établis reviennent dès le retour du temps chaud. Il est important de savoir si votre succulente est une variété tropicale ou rustique lorsqu'elle est plantée à l'extérieur.

L'une des principales caractéristiques des plantes succulentes est la présence de feuilles ou de coussinets épais et charnus, mais il existe également des variétés à feuilles non succulentes.

C'est pourquoi les botanistes et autres experts ne sont pas d'accord sur la classification de certaines plantes. La question des succulentes par rapport aux cactus est souvent débattue, même parmi les cultivateurs professionnels. Cela s'explique par le fait que les cactus produisent des feuilles charnues mais ne possèdent pas d'autres caractéristiques familières à la famille.

En réalité, un cactus est bel et bien une succulente, car toutes les espèces du groupe ont pour caractéristique de capter et de stocker l'eau. Cela dit, une succulente n'est pas considérée comme un cactus.

Types de plantes succulentes

Si les feuilles et les tiges gonflées sont les principales caractéristiques visibles des plantes succulentes, d'autres qualités permettent de délimiter le groupe. Les racines peu profondes sont une adaptation partagée par les plantes succulentes. Quelques variétés ont des racines pivotantes plus profondes, mais la majorité a des zones de racines larges et superficielles qui permettent de capter un maximum d'humidité lorsque les pluies sont rares. Voici quelques-uns des types de plantes succulentes couramment disponibles :

- Agaves
- Yucca
- Aloès
- Cactus
- Bromélia
- Sedum
- Sempervivum
- Echeveria
- Diverses euphorbes
- Certains types d'orchidées

Il est important de noter leur degré de rusticité, mais beaucoup d'entre elles peuvent prospérer dans le jardin. Les succulentes plus petites font des présentations variées et fascinantes dans des récipients pour l'intérieur. Presque toutes les espèces ont besoin d'au moins 8 heures de lumière, de températures diurnes chaudes, d'un arrosage régulier pendant la période de croissance et d'un sol bien drainé.

CACTUS ET SUCCULENTES DANS VOTRE MAISON

La culture de cactus et d'autres plantes succulentes peut être un passe-temps passionnant ! Les cactus sont des plantes de collection et conviennent parfaitement aux rebords de fenêtres ensoleillés, tout comme leurs homologues succulentes.

Informations supplémentaires sur les cactus et les succulentes

Les cactus sont associés au désert, et beaucoup d'entre eux prospèrent dans les régions d'Amérique centrale et du Sud. D'autres cactus, cependant, viennent d'aussi loin que le Canada, et beaucoup sont même originaires des forêts tropicales. Comme les broméliacées, beaucoup de cactus sont des épiphytes, et les cactus qui vivent dans les forêts poussent sur les arbres. Les variétés de cactus vivant dans le désert peuvent survivre pendant de très longues périodes sans pluie. Ils tirent leur humidité de la rosée ou de la brume et stockent les nutriments et l'humidité dans leurs tissus.

Le mot "succulent" signifie "juteux". Les plantes succulentes ont des feuilles ou des tiges qui sont remplies de jus, l'eau stockée, et de nutriments qui permettent à la plante de se développer. Ces feuilles permettent à la plante de résister à des conditions difficiles dans le monde entier. Normalement, ces feuilles ont un aspect brillant ou coriace, et cette texture contribue en fait à les protéger d'une perte d'humidité excessive.

C'est en stockant l'humidité comme ils le font que les cactus sont considérés comme des plantes succulentes. Ce qui fait d'un cactus un cactus, c'est qu'il produit des excroissances, appelées aréoles. Ce sont des points de croissance amortis qui sont techniquement des branches comprimées. Les épines, les fleurs "en laine" et les rejetons poussent tous à partir des aréoles.

De nombreuses plantes succulentes ressemblent en tous points aux cactus, sauf qu'elles ne produisent pas d'épines.

C'est ce qui fait qu'une succulente est une succulente et non un cactus. Dans tous les genres de cactus sauf un, le Pereskia, les plantes n'ont pas de feuilles. Le corps des cactus est généralement de forme globulaire ou cylindrique.

Les opuntias ont des tiges rondes et segmentées. Les épiphyllums ont des tiges qui ressemblent davantage à des feuilles en forme de lanières.

Beaucoup de cactus ont des épines, des barbes ou des soies proéminentes et certains ont des poils laineux. En fait, tous les cactus ont des épines, même si elles sont si petites qu'elles sont insignifiantes. On ne sait pas toujours que tous les cactus fleurissent, et fleurissent régulièrement s'ils sont bien entretenus.

Cactus et plantes succulentes à la maison

Il existe de nombreuses plantes succulentes que l'on peut cultiver chez soi, et certaines d'entre elles sont parmi les plantes les plus faciles à entretenir. Ce sont en fait d'excellentes plantes pour les débutants, mais comme pour toute culture de jardinage et de plantes d'intérieur, il faut savoir ce que l'on fait et à quoi on a affaire pour réussir à les cultiver.

Les cactus et les plantes grasses font un bel effet, du magnifique Nopalxochia ackermanii et des grandes fleurs des Epiphyllums (cactus orchidés) à l'étrange et merveilleux Astrophytum asterias (cactus oursin) ou au Cephalocereus senilis poilu (cactus vieil homme).

Il est dommage que ces plantes ne soient pas cultivées plus souvent ! Elles sont peu exigeantes et résistent à la plupart des mauvais traitements, sauf aux excès. C'est le cas de celles qui restent sur le rebord de la fenêtre et qui sont poussiéreuses ou de celles qui sont molles et pourries à cause d'un arrosage excessif. Ils ont besoin de lumière vive et d'air frais, ainsi que d'un repos hivernal frais et sec. Les cactus forestiers ont tendance à traîner et à avoir de grandes fleurs. Ils sont donc parfaits pour des présentations individuelles dans des paniers suspendus.

Les types désertiques ont des formes et des textures intéressantes et peuvent être mis en valeur dans une présentation groupée. Planter un groupe de plantes grasses ou de cactus dans une grande coupe est très efficace. Les plantes plus grandes, comme les aloès et les agaves, sont plus belles dans leur propre pot.

Tout grand pot peu profond peut être utilisé comme un excellent pot pour un jardin de cactus ou de plantes grasses. Vous devez choisir des plantes de la même taille et dont les besoins en matière de soins sont similaires. Ces plantes ont toutes besoin de beaucoup de lumière, alors assurez-vous que le pot que vous choisissez se trouve près d'une fenêtre. Une couche de gravier fin sur le compost donne une surface attrayante, mais sèche, pour les cactus dans le pot. Vous pouvez placer des cailloux propres entre les plantes pour augmenter l'effet désertique. Certains cactus sont très beaux dans des petits pots alignés. Les cultivars mutants du Gymnocalycium mihanovichii sont parfaits à cet égard car ils ont des têtes de couleurs différentes.

Entretiens aux plantes succulentes et aux cactus

La plupart des plantes succulentes et des cactus ont besoin de beaucoup de lumière. Elles conviennent aux endroits les plus ensoleillés de votre maison. Si vous construisez quelques étagères en face d'une fenêtre ensoleillée, vous leur fournirez ce qu'elles aiment. Veillez à tourner les plantes régulièrement pour vous assurer que toutes les faces de la plante reçoivent la même exposition au soleil. Chaque jardinerie propose une grande collection de cactus et de plantes grasses que vous pouvez cultiver chez vous. Certains cactus, comme le Schlumbergera x buckleyi (cactus de Noël), qui pousse dans les forêts, sont vendus comme plantes saisonnières ou plantes-cadeaux dans les grands magasins. Il est préférable d'acheter des cactus qui sont déjà en fleur, car il faut des années pour que cela se produise. Il faut les examiner et s'assurer qu'ils sont sains, sans trace de pourriture ou de zones ratatinées ou sèches. Ils doivent avoir la bonne taille pour leur pot et vous devez vous assurer qu'ils ne sont pas exposés aux courants d'air lorsque vous les ramenez chez vous.

Si vous achetez des cactus du désert, assurez-vous qu'ils sont plantés dans un compost bien drainé. Ils doivent être bien arrosés avec de l'eau tiède au printemps et en été.

Cependant, il faut laisser le compost sécher presque complètement pendant les mois d'hiver, surtout s'ils sont dans des conditions fraîches. Cela permet aux cactus d'entrer en dormance. Pendant les périodes de croissance active, les cactus doivent être nourris environ une fois toutes les trois semaines. Vous pouvez utiliser un engrais pour tomates bien dilué à cet effet.

En outre, les cactus du désert aiment les températures de 10 à 13 degrés Celsius en hiver. Vous ne devez rempoter les cactus du désert que lorsque les racines remplissent complètement le pot.

Les cactus forestiers sont très différents. Ils ont généralement de belles fleurs suspendues qui poussent à l'extrémité de tiges segmentées. Ces tiges ressemblent à des chaînes de feuilles charnues. Ils poussent de cette façon parce qu'ils ont été formés pour pousser au-dessus des arbres. Elles sont habituées à l'ombre, mais elles ont besoin d'un peu de lumière vive. Elles ont besoin d'un compost léger sans calcaire, bien drainé, et doivent être arrosées d'eau tiède et douce. Elles peuvent être mises au repos à une température de 10-13 C. (50-55 F.). Arrosez-les modérément et nourrissez-les chaque semaine avec un engrais faible après l'hiver et placez-les dans une pièce aux températures plus élevées.

Il existe plus de 50 familles de plantes qui peuvent être considérées comme des plantes succulentes.

Elles doivent être arrosées librement en été, mais seulement lorsque leur compost devient sec. En hiver, elles tolèrent des températures autour de 50 F. (10 C.). En été, vous devez les fertiliser avec un engrais bien dilué toutes les quelques semaines et elles préfèrent l'air frais à l'humidité. Les cactus du désert, les cactus des forêts et les plantes grasses peuvent tous être cultivés ensemble. Ils font des présentations étonnantes pour votre collection de plantes d'intérieur. Ils ne demandent pas beaucoup de soins, mais vous devez tout de même savoir ce qu'ils aiment et ce dont ils ont besoin.

TERREAU POUR LA CULTURE DES PLANTES SUCCULENTES

Lorsque les jardiniers amateurs commencent à cultiver des plantes succulentes, on leur dit d'utiliser un sol à drainage rapide. Ceux qui ont l'habitude de cultiver des plantes traditionnelles pourraient croire que leur sol actuel est suffisant. Une meilleure description du mélange de terreau pour succulentes bien drainé serait peut-être un drainage supplémentaire ou un drainage modifié. Le terreau pour succulentes a besoin d'un drainage adéquat pour empêcher l'eau de rester sur les racines peu profondes de ces plantes pendant un certain temps.

À propos du mélange de terreau pour succulentes

Un terreau approprié pour les succulentes doit favoriser le séchage rapide de l'ensemble du pot, car de nombreux problèmes proviennent d'un sol humide sur ou sous le système racinaire. La différence entre ce que nous utilisons pour les plantes traditionnelles et le milieu dans lequel nous plantons les succulentes réside dans l'aspect rétention d'eau. Un sol bien aéré et bien drainé, tout en retenant l'humidité, convient aux autres plantes. Le mélange de terre pour succulentes, en revanche, doit encourager l'humidité à sortir rapidement du contenant.

Vous devez choisir un matériau à texture grossière, comme les mélanges de terreau préemballés pour succulentes et cactus. Cependant, ces mélanges peuvent être difficiles à trouver dans certains endroits et coûteux à commander en ligne avec les frais d'expédition. De nombreux spécialistes souhaitent un drainage plus rapide que celui offert par ces mélanges et préparent leur propre mélange de terre pour succulentes.

Faire du terreau pour les succulentes

Les recettes en ligne abondent. La plupart utilisent une base de terreau ordinaire ou le mélange de terreau pour succulentes en sac. Si vous choisissez de faire votre propre mélange, utilisez du terreau ordinaire sans additifs. Nous vous expliquerons les autres ingrédients à ajouter lorsque vous modifiez ou fabriquez votre propre terreau pour succulentes. Les ajouts fréquents au milieu de culture des succulentes sont les suivants :

- Du sable grossier - Le sable grossier inclus à raison de la moitié ou du tiers améliore le drainage du sol. N'utilisez pas le type de sable à texture fine, comme le sable de jeu. Les cactus peuvent bénéficier d'un mélange plus élevé de sable, mais il doit être de type grossier.

- Perlite - La perlite est couramment incluse dans la plupart des mélanges pour succulentes. Ce produit ajoute de l'aération et augmente le drainage ; cependant, il est léger et flotte souvent à la surface lorsqu'il est arrosé. Utilisez-la à raison de 1/3 à 1/2 dans un mélange avec du terreau.

- Turface - Turface est un produit d'amendement du sol et d'argile calcinée qui ajoute de l'aération au sol, fournit de l'oxygène et contrôle l'humidité. Il s'agit d'une substance de type caillou, qui ne se compacte pas. Turface est le nom de marque mais un terme couramment utilisé pour désigner ce produit. Il est utilisé à la fois comme additif au mélange de terre pour succulentes et comme terreau.

- Pierre ponce - La pierre ponce est un matériau volcanique qui retient l'humidité et les nutriments. La pierre ponce est utilisée par certains en grandes quantités. Certains cultivateurs n'utilisent que de la pierre ponce et rapportent de bons résultats lors d'essais. Cependant, l'utilisation de ce type de support nécessite des arrosages plus fréquents. Selon l'endroit où vous vous trouvez, vous devrez peut-être commander ce produit.

- Coconut Coir - Le coconut coir, c'est-à-dire l'enveloppe déchiquetée de la noix de coco, ajoute des capacités de drainage et peut être mouillé à plusieurs reprises, contrairement à d'autres produits qui risquent de ne pas bien accepter l'eau après le mouillage initial. Jusqu'à récemment, personne ne parlait de coir (prononcer core) au cultivateur moyen de succulentes. Au moins un distributeur de succulentes bien connu utilise le coco dans le cadre de son mélange inhabituel. J'utilise un mélange composé d'un tiers de terreau ordinaire (le moins cher), d'un tiers de sable grossier et d'un tiers de coco, et j'ai des plantes saines dans ma pépinière.

ARROSAGE DES PLANTES SUCCULENTES

L'arrosage des plantes succulentes est probablement la partie essentielle de leur culture, aussi voulons-nous bien faire les choses. Pour les jardiniers de longue date ou ceux qui cultivent régulièrement des plantes d'intérieur, les besoins en eau des plantes succulentes sont très différents et nécessitent un changement des habitudes d'arrosage. N'oubliez pas qu'un arrosage excessif est la cause la plus fréquente de la mort des succulentes.

Quand arroser une succulente

Lorsque vous apprenez la fréquence d'arrosage des plantes succulentes, n'oubliez pas que nombre d'entre elles sont originaires de climats secs et arides où les précipitations sont rares.

Les plantes succulentes stockent l'eau dans leurs racines, leurs feuilles et leurs tiges. Des feuilles froissées après une longue période de sécheresse sont parfois un indicateur du moment où il faut arroser une succulente.

Vérifiez d'abord le sol pour vous assurer qu'il est complètement sec avant d'arroser. N'arrosez pas souvent ces plantes, et arrosez-les la nuit, car les succulentes absorbent de l'eau pendant la nuit et leur respiration a lieu à ce moment-là.

La quantité d'eau nécessaires

Lorsque vous arrosez des plantes succulentes, arrosez abondamment pour que l'eau sorte des trous de drainage. Cela encourage les racines à pousser vers le bas comme elles le devraient. Un arrosage léger à l'aide de compte-gouttes ou de cuillères peut inciter les racines à chercher l'eau vers le haut, ce qui n'est pas sain pour votre plante succulente bien-aimée. Les racines de ces plantes s'étendent parfois latéralement.

Évitez de mouiller le feuillage ; cela peut entraîner la désintégration des feuilles de la succulente. Si vous les mouillez accidentellement, épongez l'eau avec une serviette en papier.

Les récipients courts sont plus facilement saturés et se dessèchent plus rapidement. L'utilisation d'un bon terreau avec des éléments de bon drainage comme le sable, la perlite, la pierre ponce ou le coco contribue également à assécher le sol plus rapidement. En résumé, n'arrosez pas souvent et gardez vos plantes en bonne santé et vivantes.

Il n'est pas idéal de planter vos plantes succulentes dans un récipient sans trous de drainage, mais c'est ce que la plupart d'entre nous font parfois. Il est difficile d'arroser des plantes succulentes sans trous de drainage, mais beaucoup y parviennent. Utilisez une quantité limitée d'eau ; c'est là que le compte-gouttes ou la cuillère entrent en jeu. Arrosez à la base des plantes, suffisamment pour atteindre le bas et mouiller le court système racinaire. Si vous avez mis une plante dans un récipient sans trous et que vous savez qu'elle a un système racinaire plus important, arrosez en conséquence.

Avant d'arroser, vérifiez l'humidité de votre sol avec votre doigt, jusqu'à la deuxième articulation. Si vous détectez de l'humidité, attendez quelques jours à une semaine et vérifiez à nouveau. Vous pouvez aussi utiliser un humidimètre électronique, conçu spécialement pour cette tâche.

Si votre sol est détrempé, ou si une nouvelle plante que vous avez ramenée à la maison se trouve dans un sol humide, retirez la plante du pot, enlevez autant de terre détrempée que possible des racines et laissez-la sécher pendant quelques jours. Rempotez-la dans un sol sec et n'arrosez plus pendant au moins une semaine.

FERTILISER LES SUCCULENTES

De nos jours, les jardiniers d'intérieur expérimentent de plus en plus souvent la culture de plantes classées dans la catégorie des succulentes. Ils se rendent compte qu'il y a une grande différence entre la culture des plantes succulentes et celle des plantes d'intérieur traditionnelles. L'une de ces différences est l'alimentation des plantes succulentes et des cactus.

Besoins en engrais des succulentes

Tout comme l'arrosage, le sol et la lumière, les besoins en engrais des plantes succulentes sont différents de ceux des autres plantes. Dans l'éventail des conditions naturelles dont ces plantes sont issues, l'alimentation est extrêmement limitée. Les succulentes n'ont pas besoin de beaucoup de fertilisation. Par conséquent, la fertilisation des cactus et des plantes succulentes qui sont domestiqués doit être limitée pour reproduire leurs conditions d'origine.

Quand nourrir les cactus et les succulentes

Nourrir les cactus et les succulentes devrait, dans la plupart des cas, se limiter à une seule fois par an, selon certains experts. J'avoue que c'est une règle que j'ai enfreinte.

Trop d'engrais affaiblit les plantes succulentes, et toute croissance supplémentaire risque d'être faible, voire chétive, favorisant la redoutable étiolement que nous essayons tous d'éviter. D'autres experts nous rappellent que les pépinières donnent de la nourriture à chaque arrosage pendant la période de croissance, une méthode appelée fertigation, où une légère quantité de nourriture est incluse dans le système d'arrosage. Certains recommandent un programme d'alimentation mensuel. Tenez compte de ces informations pour savoir quand nourrir les cactus et les plantes succulentes. L'idée est de nourrir votre plante succulente juste avant et pendant sa saison de croissance. Les experts disent que cela va du début du printemps à la fin de l'été. Si vous avez une plante qui pousse en hiver, donnez-lui de l'engrais pendant cette période. La plupart d'entre nous ne disposent pas d'informations de cette nature sur toutes nos plantes ; c'est pourquoi nous abordons les besoins en engrais des plantes succulentes et des cactus de manière générale, en prévoyant par exemple une alimentation au printemps pour toutes.

Ce calendrier convient à la plupart des plantes. Si les plantes ne poussent pas ou ont mauvaise mine, une nouvelle fertilisation des cactus et des plantes succulentes au début de l'été peut leur redonner vie. Et, si vous décidez d'essayer une alimentation mensuelle, faites des recherches sur les plantes que vous avez identifiées et voyez s'il existe des informations fiables sur le calendrier d'alimentation qui leur convient le mieux, ou au moins apprenez leur saison de croissance.

Nourrir les succulentes et les cactus

Ce que nous utilisons est tout aussi important que le moment choisi, surtout si nous nous limitons à une alimentation par an. Nous voudrons que cette alimentation compte.

Il existe plusieurs produits conçus pour les besoins en engrais des succulentes. Certains recommandent d'utiliser un engrais à forte teneur en phosphore, comme ceux qui encouragent les floraisons estivales, à un niveau affaibli. D'autres ne jurent que par un thé de compost.

La plupart déconseillent l'utilisation de produits lourds en azote et de compost riche en azote, bien que quelques-uns recommandent d'utiliser un engrais équilibré tous les mois. Enfin, ajoutez des oligo-éléments à la terre des plantes qui sont dans le même sol depuis un an ou plus.

Suivez ces conseils, et vous établirez bientôt un programme d'alimentation qui conviendra à votre collection.

PROPAGATION DES CACTUS ET SUCCULENTES

Il existe plusieurs façons de prélever des boutures sur des plantes succulentes. Parfois, vous enracinerez la feuille entière. Parfois, vous pouvez couper une feuille en sections.

On prélève des bouts courts sur les cactus. Si vous détachez des feuilles, vous devez veiller à ne pas ruiner la forme de la plante mère. Si vous en prenez quelques-unes à l'arrière de la plante, cela ne posera probablement pas de problème.

Propagation des morceaux de feuilles de succulentes

Les plantes plus grandes, comme la plante serpent (Sansevieria trifasciata), peuvent être multipliées en coupant les tiges et les feuilles en morceaux. Il suffit de s'assurer d'arroser la plante quelques jours avant de prévoir de prélever les boutures. Si vous ne le faites pas, les feuilles seront flasques, et les feuilles flasques ne s'enracinent pas facilement.

Utilisez un couteau bien aiguisé et coupez une ou deux feuilles à la base de chacune d'elles.

Veillez à les prélever à différents endroits de la plante. Si vous les prenez toutes d'un seul côté, vous ruinerez la forme de la plante.

Prenez une des feuilles coupées et posez-la sur une surface plane. À l'aide de votre couteau aiguisé, coupez la feuille en morceaux d'environ 5 cm de profondeur. Veillez à couper proprement, car si vous déchirez la feuille, elle ne s'enracinera pas et dépérira. Prenez un pot peu profond, mais large, et remplissez-le de parts égales de tourbe humide et de sable, puis raffermissez le mélange de compost. Prenez votre couteau, formez une fente et enfoncez une bouture d'environ 2 cm dans la fente. Veillez à ce que la coupe soit dans le bon sens. Arrosez légèrement le compost, puis placez le pot dans une chaleur douce.

Enraciner les feuilles de succulentes

De nombreuses plantes grasses, comme le daphné d'octobre (Sedum sieboldii 'Medriovariegatum'), ont de petites feuilles circulaires et plates. Vous pouvez les multiplier facilement au printemps et au début de l'été. Il suffit de presser les feuilles à la surface d'un pot rempli à parts égales de sable et de tourbe humide.

Veillez à ce que le pot soit bien drainé. Il est préférable de couper quelques tiges plutôt que de prélever quelques feuilles sur plusieurs pousses. Coupez simplement les feuilles, sans écraser les tiges. Étendez-les et laissez-les sécher pendant quelques jours. Ensuite, prenez les feuilles et pressez chacune d'entre elles sur la surface du compost. Une fois que vous les avez toutes disposées, arrosez légèrement les feuilles. Prenez le pot et placez-le dans une chaleur douce et une ombre légère.

Certaines plantes succulentes comme la plante de jade (Crassula ovata) peuvent être détachées et insérées verticalement dans un pot avec du compost bien drainé au printemps et au début de l'été. Il n'est pas nécessaire d'avoir des températures élevées. Il suffit de choisir une plante saine et bien arrosée et de plier doucement les feuilles vers le bas. Ce faisant, elles se détachent près de la tige principale. C'est ce que vous voulez. Étendez les feuilles et laissez-les sécher pendant quelques jours. Remplissez un pot propre avec des parts égales de sable et de tourbe humide et tassez le tout jusqu'à environ 1 cm sous le bord. Prenez un crayon, formez un trou d'environ 20 mm de profondeur et insérez-y votre bouture. Refermez le compost autour d'elle pour stabiliser la "plante". Arrosez ce pot et placez-le dans une ombre légère et une chaleur douce.

Prélever des boutures de cactus

La plupart des cactus ont des épines et sont bien connus pour cela. Cela ne doit pas vous empêcher de les bouturer. Si nécessaire, portez des gants pour manipuler les cactus. Les cactus qui produisent une masse de petites tiges autour de leur base sont les plus faciles à multiplier. Les Mammillarias et les Echinopsis spp. peuvent être multipliés de cette façon.

La plupart des cactus ont des épines et sont bien connus pour cela. Cela ne doit pas vous empêcher de les bouturer. Si nécessaire, portez des gants pour manipuler les cactus. Les cactus qui produisent une masse de petites tiges autour de leur base sont les plus faciles à multiplier. Les Mammillarias et les Echinopsis spp. peuvent être multipliés de cette façon.

Disposez les boutures et laissez-les tranquilles pendant quelques jours pour que leurs extrémités puissent sécher. Insérez ensuite les boutures dans le compost pour cactus. Elles s'enracineront ainsi beaucoup plus rapidement que si vous les insérez dans le compost immédiatement après les avoir coupées.

Prenez un petit pot et remplissez-le à parts égales de sable et de tourbe humide, puis tassez-le jusqu'à 1 cm sous le bord. Saupoudrez une fine couche de sable à la surface et faites un trou d'environ 2,5 cm de profondeur. Insérez la bouture dans le trou. Refermez votre compost autour de la bouture et placez-la dans un endroit légèrement chaud et lumineux après l'avoir légèrement arrosée. L'enracinement devrait se produire en quelques semaines si vous avez effectué cette opération au printemps ou au début de l'été, lorsque la plante est la plus susceptible de s'enraciner.

N'ayez donc pas peur des plantes succulentes ou des cactus. Ce sont des plantes comme les autres et elles ont juste une façon différente d'être manipulées. Le processus de multiplication de ces plantes est tout aussi simple que pour les autres plantes, vous ne devriez donc avoir aucun mal à augmenter votre belle collection de ces plantes merveilleusement différentes.

CULTIVER DES PLANTES SUCCULENTES À PARTIR DE GRAINES

La plupart d'entre nous qui collectionnent et cultivent des plantes succulentes ont quelques variétés que nous voulons absolument mais que nous ne trouvons jamais à un prix raisonnable. Il se peut même que nous ne puissions pas les trouver du tout, si la plante est rare ou difficile à trouver. L'une des possibilités d'ajouter ces plantes à notre collection est de cultiver des plantes succulentes à partir de graines. Si beaucoup d'entre nous ne seraient pas intimidés par le fait de commencer à cultiver d'autres plantes de cette manière, il se peut que nous ne sachions pas comment semer des graines de plantes succulentes. On peut même se demander si l'on peut faire pousser des plantes succulentes à partir de graines.

Plantation de graines de plantes succulentes

Est-il réaliste de tenter la multiplication des succulentes à partir de graines ? Discutons des particularités de la culture des plantes succulentes à partir de graines. Le démarrage de nouvelles succulentes de cette manière est un processus lent, mais si vous êtes prêt à y consacrer du temps et des efforts, cela peut être un moyen peu coûteux d'obtenir des plantes inhabituelles.

Il est de la plus haute importance de trouver des graines de qualité, correctement étiquetées. Beaucoup de ceux qui écrivent sur la culture des plantes succulentes à partir de graines disent s'approvisionner dans les pépinières locales. D'autres mentionnent des sources en ligne pour l'acquisition de graines. Vérifiez auprès des entreprises que vous utilisez pour acheter d'autres plantes. N'utilisez que des pépinières légitimes et réputées pour acheter des graines de plantes succulentes, et soyez prudent lorsque vous commandez auprès de détaillants en ligne. Recherchez les avis des clients et consultez le Bureau d'éthique commerciale lorsque cela est justifié.

Comment semer des graines de plantes succulentes

Il faut commencer par le bon milieu de germination. Certains suggèrent du sable grossier, comme le sable de construction. Le sable de terrain de jeu et les autres sables fins ne conviennent pas. Vous pouvez ajouter du terreau en sac à la moitié du sable, si vous le souhaitez. D'autres mentionnent la pierre ponce et la perlite, mais comme les graines sont si petites, il serait facile de les perdre dans ce milieu grossier.

Humidifiez bien la terre avant de la planter. Semez les graines sur le mélange de germination, en appuyant légèrement sur le sol et en saupoudrant de sable pour les recouvrir à peine. Maintenez le sol constamment humide en le vaporisant lorsqu'il s'assèche.

Ne laissez pas la terre se détremper ou se dessécher. Les récipients pour le démarrage de ces graines doivent être peu profonds et le fond doit être percé de plusieurs trous. Vous pouvez utiliser des barquettes en plastique à emporter avec des couvercles transparents pour les recouvrir facilement. Vous pouvez aussi les recouvrir de plastique ou de verre. Assurez-vous que les récipients sont propres et aseptisés avant de les planter.

Les graines sont minuscules, ce qui les rend faciles à perdre et parfois difficiles à travailler. En fait, elles sont si petites qu'elles peuvent s'envoler avec le vent. Plantez-les à l'intérieur ou dans un endroit à l'abri du vent.

Conservez les graines plantées dans un endroit où le vent ne peut pas les atteindre, à la lumière vive mais sans soleil direct.

La culture de plantes succulentes à partir de graines demande de la patience. Lorsque les graines germent au bout de quelques semaines, enlevez la couverture et continuez à les maintenir en brumisation. À ce stade, donnez-leur un soleil limité et pommelé, si possible.

Laissez les plantes poursuivre leur croissance. Transplantez-les dans des conteneurs individuels lorsqu'un bon système racinaire s'est développé. Prenez soin d'elles comme vous le feriez normalement et profitez de vos nouvelles plantes uniques et intéressantes.

QUE SONT LES REJETONS SUCCULENTS

Les cultivateurs de succulentes s'attachent souvent à leurs plantes de manière extrême. Les formes et les couleurs inhabituelles, parfois uniques, intriguent certains d'entre nous pour commencer des collections. Si vous êtes relativement nouveau dans la culture des plantes succulentes et que vous souhaitez en augmenter le nombre, pensez aux rejetons succulentes. Vous vous demandez peut-être ce que sont les rejetons succulentes ?

Comment identifier les rejetons des succulentes

Il existe de nombreux petits noms mignons pour les plantes succulentes, surtout les nouvelles qui poussent sur des plantes adultes. On peut les appeler des bébés et appeler l'adulte la maman. En botanique, on les appelle des rejetons, car ils poussent à partir de la plante adulte. On les appelle aussi des petits. Ce n'est qu'un autre nom utilisé pour identifier ces jeunes rejetons.

L'information sur les succulentes offset indique qu'"un offset est une petite plante fille, pratiquement complète, qui a été produite naturellement et asexuellement sur la plante mère. Ce sont des clones, ce qui signifie qu'ils sont génétiquement identiques à la plante mère." Puisqu'il s'agit de clones de la plante mère, c'est l'une des façons les plus faciles de faire pousser plus de plantes succulentes.

De minuscules bébés finissent par pousser à partir d'une plante adulte saine et bien positionnée. Certains types de plantes produisent des tiges avec des jeunes pousses à leurs extrémités. D'autres poussent en touffes sur les côtés des plantes, semblant se dédoubler, ce qui vous amène à vous demander "est-ce que ma succulente fait pousser des petits ?". Parfois, les rejets poussent sous la plante et vous ne les remarquerez peut-être pas avant qu'ils aient grandi. Après un certain temps, vous apprendrez à identifier les jeunes pousses sur les succulentes.

Que faire des rejetons succulents

Vous avez plusieurs options lorsque vous vous demandez ce que vous devez faire des rejetons succulents. Vous pouvez les laisser continuer à grandir sur la mère s'il y a assez de place, ou vous pouvez les enlever et les replanter individuellement. Laissez-les atteindre la taille d'une pièce de 20 cents avant de les enlever.

Si vous voulez les laisser attachés et qu'ils sont dans un pot surpeuplé, rempotez la touffe entière. Selon certaines sources, les petits qui poussent dans un endroit ou un récipient surpeuplé peuvent se transformer en plantes d'apparence inhabituelle. Parfois, les petits peuvent même tomber en cascade sur les côtés du pot.

Retirez les jeunes pousses en effectuant une coupe précise à l'aide d'un sécateur ou de ciseaux bien aiguisés et propres. Normalement, je recommanderais d'utiliser un toucher léger, mais après avoir regardé les vidéos des experts, cela ne semble pas nécessaire - une autre indication de la résistance des plantes succulentes.

Vous pouvez laisser l'extrémité coupée se calmer pendant quelques jours ou la tremper dans de la cannelle et la planter immédiatement. Rempotez les petits dans un mélange sec pour succulentes et arrosez-les quand ils ont l'air d'avoir soif.

DIVISION DES PLANTES SUCCULENTES

Si vous voulez des plantes succulentes sans frais d'achat ou d'expédition, pensez à diviser vos plantes succulentes. Lorsque vos plantes sont devenues trop grandes pour leurs pots ou qu'elles ont fait beaucoup de petits, il est temps de diviser vos plantes succulentes. Il est souvent plus facile de diviser vos plantes que de rempoter un grand spécimen à plusieurs tiges. La division permet à chaque partie rempotée de grandir et de remplir un autre récipient. Les plantes poussent plus rapidement pendant leur saison de croissance. Certaines plantes succulentes poussent au printemps et en été, mais beaucoup, comme les aeoniums, poussent en hiver. Vérifiez pour chaque plante.

Quand puis-je diviser les plantes succulentes ?

Si le rempotage et la division d'une succulente se font de préférence au printemps, vous pouvez le faire à tout moment de l'année. Choisissez une belle journée, si possible, pour pouvoir le faire à l'extérieur. Divisez les succulentes qui ont développé des petits ou qui ont poussé un nouveau feuillage. N'essayez pas de diviser une seule plante.

Comment diviser une succulente

Stérilisez les outils avec de l'alcool avant de commencer la division ou le rempotage. Vous pouvez le faire avec une bouteille d'alcool et des boules de coton ou des lingettes alcoolisées. Nettoyez les lames pour vous assurer que vous ne propagez pas de champignons ou de bactéries.

Retirez délicatement la plante de son contenant. Vous devrez peut-être desserrer la terre sur les côtés si elle est serrée dans le pot. Faites-le avec un outil propre. Tournez le pot à l'envers, si nécessaire, en plaçant votre main sur le dessus pour faire sortir doucement la plante. Ne retirez pas la plante en la saisissant et en la tirant vers le haut. Inclinez le pot et soyez doux. Mettez la plante sans pot à l'endroit et enlevez autant de terre que possible, en dégageant doucement les racines. Si la plante ne se détache pas facilement, coupez les racines et séparez les sections, en commençant par le haut. Faites-le facilement, mais ne vous inquiétez pas si quelques racines se détachent. Elles guériront rapidement dans un sol sec. Attendez donc d'arroser après la division des plantes succulentes, généralement une semaine ou plus.

Centrez les parties de votre plante dans un nouveau pot et ajoutez de la terre fraîche et bien drainée. Si le sommet de la plante n'atteint pas le haut du pot, mettez de la terre au fond pour faire remonter le niveau de la plante. Les succulentes sont généralement plus belles lorsqu'elles sont plantées plus haut que le bord du pot. Si vous remplissez le pot, certains types de succulentes sont mieux suspendus sur les côtés, en particulier les types en cascade.

Encore une fois, attendez une semaine ou deux avant d'arroser vos nouvelles plantations. Cela permet aux racines de guérir avant d'absorber l'eau et de pourrir. Profitez de vos nouvelles plantes.

TAILLE DES PLANTES SUCCULENTES

Il existe de nombreuses raisons de tailler les plantes succulentes. Les soins et la taille des cactus sont parfois similaires et sont généralement abordés lorsqu'on conseille de tailler une succulente.

Raisons de couper une plante succulente

Les plantes succulentes adultes qui poussent dans un environnement trop peu lumineux s'étirent souvent, ce qui est une raison courante de les tailler. Cela implique un processus appelé décapitation, ou l'enlèvement de la partie supérieure de la plante. Lorsque vous coupez une succulente, utilisez des sécateurs bien aiguisés et propres pour éviter toute maladie ou début de pourriture dans la tige.

Ce n'est pas aussi grave que cela en a l'air. En décapitant votre plante, vous obtenez au moins une nouvelle plante, voire plus, en fonction de la longueur de la tige. La base restante aura probablement quelques feuilles, fera pousser de nouvelles feuilles, ou les deux. Vous pouvez enlever les feuilles et les propager pour obtenir de nouvelles plantes. La partie supérieure qui a été enlevée se calle pour être replantée. Il est courant de laisser toutes les parties de la plante se recroqueviller avant de les planter. Cela évite que le morceau de succulente absorbe trop d'eau, ce qui est généralement fatal.

Certaines plantes font pousser de nouveaux bébés à partir du bas de la tige. Savoir quand tailler les plantes succulentes dépendra de la taille des bébés et de l'espace restant dans le conteneur. Vous aimerez peut-être l'aspect d'un pot plein avec des plantes plus petites qui pendent et poussent sur les bords. Dans ce cas, ne vous sentez pas obligé de tailler jusqu'à ce que la santé générale de la plante ne puisse plus être maintenue. La taille des plantes succulentes ne devient nécessaire que lorsque la plante mère semble en déclin.

Quand tailler les succulentes

La coupe d'une succulente est nécessaire lorsque :

- La succulente meurt après la floraison (c'est le cas de certaines)

- Elle est envahie par la végétation, elle est penchée ou trop encombrée

- Elle est étirée (trop haute, avec un espace vide entre les feuilles)

- Les feuilles inférieures meurent (elles peuvent généralement être enlevées sans être coupées)

- Lutte contre les maladies

Si vous avez des plantes grasses, vous avez peut-être aussi un ou deux cactus dans votre collection. Qu'en est-il de la taille des cactus ? Idéalement, vous avez planté votre cactus dans un endroit où il y a beaucoup de place pour sa croissance. Cependant, s'il a trop poussé et peut présenter un danger, il peut être nécessaire de le tailler. Coupez les cactus coussinets au niveau des articulations, sans jamais enlever une partie d'un coussinet.

La taille des plantes succulentes fait durer vos arrangements plus longtemps dans le même contenant, tout en vous permettant de multiplier vos plantes. La taille des cactus permet de les maintenir dans un endroit sûr. Portez toujours des vêtements de protection, comme des gants épais, lorsque vous travaillez avec une plante potentiellement dangereuse.

SOINS HIVERNAUX DES SUCCULENTES

Garder les succulentes en vie tout au long de l'hiver est possible, et pas compliqué une fois que vous avez appris ce dont elles ont besoin. L'hivernage des succulentes à l'intérieur est le meilleur moyen de s'assurer qu'elles vivent si vous êtes dans une région aux hivers froids. L'intérieur peut être une serre ou un bâtiment chauffé, mais pour la plupart, ce sera à l'intérieur de la maison.

Hivernage des succulentes en intérieur

Les soins d'intérieur pour les plantes succulentes en hiver concernent principalement l'éclairage. Beaucoup sont en dormance pendant l'hiver et ont besoin de peu d'eau.

L'hiver est cependant la saison de la croissance pour certaines plantes succulentes, qui ont besoin d'eau, de nourriture et même d'être taillées.

Apprenez le nom de vos plantes pour pouvoir rechercher leurs besoins individuels et les satisfaire de manière adéquate. Si vous n'êtes pas sûr des plantes que vous avez, arrêtez de les nourrir et limitez les arrosages lorsque vous les rentrez à l'automne.

Une fenêtre ensoleillée au sud ou au sud-ouest peut parfois donner à vos plantes suffisamment de lumière pour l'hiver à l'intérieur. Si elles commencent à s'étirer ou à paraître pâles, elles ont probablement besoin de plus de lumière. De nombreux propriétaires de succulentes investissent dans des installations de lampes de culture. Certaines unités ont des lumières déjà installées dans les étagères. L'éclairage fluorescent fonctionne dans certains cas, mais les plantes doivent se trouver à quelques centimètres (5 cm) de l'ampoule. De nombreux systèmes d'éclairage de culture sont vendus en ligne et ont une gamme de profondeur plus large. Lorsqu'on essaie d'apporter des soins appropriés aux succulentes en hiver, les experts recommandent 14 à 16 heures de lumière par jour.

Les bons soins hivernaux pour les succulentes d'intérieur consistent à les placer dans un endroit lumineux, semblable à celui qu'elles avaient à l'extérieur. Évitez de les placer près des courants d'air, mais assurez une bonne circulation de l'air.

Nettoyez le sol avant d'hiverner les plantes succulentes à l'intérieur. Si elles ne sont pas plantées dans un sol approprié, à drainage rapide, replantez-les. Enlevez les feuilles mortes du sol et vérifiez l'absence de parasites. Il faut que vos plantes soient en pleine forme avant d'hiverner les plantes succulentes à l'intérieur.

ENTRETIEN DES PLANTES SUCCULENTES EN POT

Dans de nombreuses régions, vous voudrez faire pousser vos plantes succulentes d'extérieur dans des pots. Par exemple, les succulentes cultivées en conteneur peuvent être facilement mises à l'abri des zones pluvieuses si un gros orage est prévu. La culture de succulentes en pots est également utile si vous souhaitez les rentrer à l'intérieur pour l'hiver. Lorsque vous les ressortez au printemps, il est facile de placer ces plantes succulentes en pot à différents degrés d'ensoleillement pour les acclimater à l'extérieur. Les plantes succulentes s'adaptent bien à un environnement en pot, même à des récipients inhabituels, à condition de leur donner les soins adéquats.

Comment entretenir les succulentes en pots

Lorsque vous cultivez des plantes succulentes en pots, elles doivent être arrosées plus souvent que celles qui poussent en pleine terre. Cependant, comme ces plantes ont besoin de peu d'arrosage au départ, le jardinage en conteneur avec des plantes succulentes est un bon choix, surtout pour ceux qui ont tendance à oublier d'arroser.

Cultivez les plantes succulentes en pot dans un sol à drainage rapide. Les pots avec de bons trous de drainage, de préférence de grands trous ou plus d'un, sont le meilleur choix pour le jardinage en conteneurs avec des plantes succulentes. Les récipients respirants en terre cuite ou en argile ne retiennent pas autant d'eau que les pots en verre ou en céramique.

Les racines des plantes succulentes peuvent pourrir rapidement si elles restent humides pendant une période prolongée, alors cultivez-les dans un mélange de terre qui permet à l'eau de s'écouler hors du pot.

Les récipients peu profonds pour les plantes succulentes en pot se vident plus rapidement. L'arrosage soigneux des plantes succulentes cultivées en pot varie d'une saison à l'autre. Presque aucun arrosage n'est nécessaire lorsque les plantes sont à l'intérieur pendant l'hiver. Cependant, lorsqu'elles sortent au printemps et que la croissance commence, les besoins en eau peuvent devenir hebdomadaires.

Pendant la chaleur de l'été, mettez à l'ombre l'après-midi pour celles qui risquent de prendre des coups de soleil et arrosez plus souvent, si nécessaire. Les succulentes qui poussent en conteneurs ont besoin de moins d'eau lorsque les températures se rafraîchissent en automne. Assurez-vous toujours que le sol est sec avant d'arroser ces plantes.

Entretiens supplémentaires pour le jardinage en conteneur avec des succulentes

Faites des recherches sur les plantes succulentes en pot que vous cultivez avant de les planter si vous connaissez leur nom. Beaucoup seront probablement du genre Crassula.

Essayez de mettre en pot ensemble des plantes succulentes ayant des besoins en lumière similaires et fournissez l'éclairage recommandé. La plupart des plantes succulentes ont besoin d'au moins six heures de soleil par jour, ce qui correspond au plein soleil. Presque toutes préfèrent que le soleil du matin soit inclus dans ces heures. Certaines succulentes ont besoin d'une lumière vive, mais pas du plein soleil.

Certaines ont besoin d'une ombre partielle, alors renseignez-vous avant de mettre une plante succulente en plein soleil. Ces plantes s'étirent si elles ne reçoivent pas assez de lumière.

Fertilisez légèrement les plantes succulentes. Utilisez un engrais à faible teneur en azote ou un thé de compost faible. La plupart des cultivateurs expérimentés de plantes succulentes disent qu'il ne faut fertiliser qu'une fois au printemps. Les parasites sont rares sur les plantes succulentes, mais la plupart peuvent être traités avec de l'alcool à 70 %. Vaporisez ou utilisez un écouvillon sur les feuilles délicates. Répétez l'opération jusqu'à ce que vous ne voyiez plus le parasite en cause. Si les plantes succulentes commencent à devenir trop grandes pour leur contenant, il est peut-être temps de les diviser et de les rempoter.

Certaines personnes cultivent les plantes succulentes comme des plantes annuelles et les laissent survivre à l'extérieur ou non. Parfois, vous serez surpris par un hiver doux et des plantes qui peuvent supporter le froid.

L'une des clés pour garder les succulentes vivantes à l'extérieur est de les garder au sec. Un mélange à drainage rapide et granuleux pour la plantation est une nécessité.

Les succulentes résistantes au froid, plantées dans le bon sol, peuvent cependant vivre dehors sans problème et s'épanouir à nouveau au printemps.

COMMENT CRÉER UN TERRARIUM DE SUCCULENTES

Un terrarium est un moyen plutôt démodé mais charmant de créer un mini jardin dans un récipient en verre. L'effet produit est assez semblable à celui d'une petite forêt résidant dans votre maison. C'est également un projet amusant qui convient parfaitement aux enfants et aux adultes. La culture de plantes succulentes dans des terrariums offre aux plantes une situation facile à entretenir dans laquelle elles se développeront. Comme les plantes succulentes n'aiment pas les environnements humides, quelques astuces et ajustements au terrarium traditionnel sont nécessaires.

Instructions pour le terrarium de succulentes

Les terrariums et les jardins de plats font partie de la culture intérieure depuis des siècles. Les plantes succulentes semblent aimer les conditions arides et un terrarium sur le thème du désert ou de la plage fournira les bonnes conditions tout en ajoutant un attrait inattendu à la maison.

La création de terrariums de plantes succulentes ne demande ni beaucoup de temps ni beaucoup d'argent. Vous pouvez littéralement en fabriquer un dans un vieux bocal alimentaire ou rechercher dans une brocante un plat inhabituel ou un récipient transparent. Il ne vous reste plus qu'à planter et à ajouter des touches au diorama.

Vous pouvez rendre le terrarium aussi orné ou simple que vous le souhaitez. Les premiers terrariums étaient fabriqués dans d'élégantes caisses de Ward, ainsi nommées en l'honneur de l'initiateur de l'idée, le Dr N.B. Ward. Les plantes succulentes se plaisent dans presque tous les récipients. La seule astuce consiste à créer un système ouvert plutôt que fermé pour éviter que l'excès d'humidité ne s'accumule et ne tue la plante.

Créer des terrariums de succulentes

Le milieu de plantation des plantes succulentes est crucial. Les plantes succulentes sont parfaites pour les terrariums car elles poussent relativement lentement, mais la condensation qui peut s'accumuler peut tuer les petites plantes si le bon milieu n'est pas utilisé. Tapissez le fond du récipient de gravier fin ou de pierres. Par-dessus, déposez une couche d'environ 2,5 cm de charbon de bois. Celui-ci absorbe les odeurs et les toxines qui peuvent se trouver dans l'eau. Ensuite, placez de la mousse de sphaigne et recouvrez-la de terre de cactus légèrement préhumidifiée.

Plantez les petites plantes dans le mélange pour cactus et tassez la terre autour d'elles. Un goujon ou un bâton est utile pour creuser les trous et remplir autour des plantes. Espacez les plantes d'au moins un pouce (2,5 cm) pour que l'air circule bien. Les plantes peuvent avoir besoin d'un bâton de Popsicle ou d'un petit tuteur pendant les premières semaines pour les maintenir en position verticale.

C'est maintenant qu'intervient la partie vraiment amusante: la conception du terrarium. Si vous voulez un thème de plage, ajoutez quelques coquillages ou pour un look de désert, installez quelques roches pour compléter les succulentes. Il existe un nombre presque infini d'articles qui rehausseront l'aspect naturel du terrarium. Certains cultivateurs ajoutent même des figurines en céramique pour ajouter à l'aspect fantaisiste. Assurez-vous simplement que tout ce que vous mettez dans le terrarium a été bien lavé pour éviter d'apporter des maladies.

Entretiens des terrariums de succulentes

Placez le terrarium dans un endroit bien éclairé, mais évitez le soleil direct qui pourrait brûler les plantes à l'intérieur. Un endroit proche d'un ventilateur ou d'une soufflerie est idéal, car cela augmentera la circulation et aidera à prévenir l'assèchement.

Les plantes succulentes ne supportent pas d'être trop arrosées et si elles se trouvent dans de l'eau stagnante, elles mourront certainement. Votre jardin de succulentes n'aura pas besoin d'être arrosé très souvent. Attendez que le sol soit presque complètement sec avant d'arroser. Utilisez de l'eau du robinet qui a été dégazée ou achetez de l'eau purifiée.

L'entretien des succulentes en terrarium est à peu près le même que celui des succulentes en pot. Ces plantes s'accommodent de la négligence et n'ont besoin d'un engrais supplémentaire qu'une fois par an. Au fil du temps, les plantes succulentes devraient se remplir un peu et l'ensemble du terrarium aura un aspect naturel et attrayant.

JARDINS DE SUCCULENTES EN EXTÉRIEUR

La conception des jardins de succulentes convient aux régions chaudes, tempérées et même froides. Dans les climats plus froids, il n'est pas toujours possible d'avoir un jardin de succulentes à l'extérieur, mais vous pouvez les cultiver en conteneurs. Apprenez-en un peu plus sur la façon de planifier un jardin de succulentes en extérieur et apportez des formes et des textures amusantes à votre paysage.

Conception d'un jardin de plantes succulentes

Les plantes succulentes sont généralement des plantes tolérantes à la sécheresse qui possèdent des feuilles épaisses où elles stockent l'humidité. Bien que les plantes succulentes soient très tolérantes aux conditions sèches, elles ont besoin d'eau, surtout pendant la période de croissance.

La conception d'un jardin de plantes succulentes doit prendre en compte l'emplacement, le type de sol, la configuration, le niveau d'humidité et les types de plantes. Certaines succulentes sont plus tolérantes à la sécheresse que d'autres. Faites quelques recherches sur la grande variété de formes et de tailles de succulentes avant de commencer un jardin de succulentes à l'extérieur.

Par exemple, les cactus sont des plantes succulentes et retiennent l'eau dans leurs tiges et leurs coussinets. D'autres types de plantes succulentes ne sont pas épineuses mais ont des feuilles gonflées avec une myriade d'habitudes de croissance. Il existe des plantes qui s'étalent ou tombent, comme la queue de bœuf, des plantes larges et hérissées comme l'agave, ou des variétés hautes et en colonne comme le cactus du vieux. Prévoyez suffisamment d'espace pour que les plantes puissent se développer au fur et à mesure de leur croissance.

Plantes succulentes d'extérieur

La culture d'un jardin de succulentes en extérieur commence par le choix des plantes. Si vous êtes novice, commencez par des plantes faciles et infaillibles. Le sedum et le sempervivum sont faciles à cultiver et s'adaptent à des emplacements lumineux et ensoleillés ou même à des zones légèrement ombragées.

Quels que soient les types de plantes que vous choisissez, les plantes succulentes ont besoin d'un sol bien drainé. Elles peuvent prospérer dans les fissures et les crevasses, les rocailles et les sols sableux ou granuleux. Les plantes succulentes de saison fraîche s'épanouissent le mieux dans des récipients que l'on rentre à l'intérieur pour l'hiver.

Essayez le kalanchoe, l'aloès, l'echeveria et l'aeonium. Amusez-vous avec les tailles, formes et textures uniques de ces plantes. Utilisez des plantes succulentes d'extérieur dans le cadre d'une zone xéropaysagère du jardin, pour économiser l'eau et apporter de l'intérêt et de la couleur.

Comment planifier un jardin de succulentes en extérieur

Lorsque vous aurez choisi vos plantes et que vous serez prêt à les planter, vous devrez savoir comment planifier un jardin de succulentes en extérieur. Choisissez un endroit ensoleillé et tracez l'espace que vous voulez remplir.

Vérifiez l'état du sol et le drainage en creusant un trou d'au moins 0,5 m de profondeur et en le remplissant d'eau. Si l'eau s'écoule en une demi-heure, le sol est suffisamment poreux. Dans le cas contraire, il suffit de mélanger 7,5 cm de sable ou d'un autre matériau granuleux pour augmenter la texture et le drainage.

Utilisez des spécimens plus grands au centre de la zone et des espèces étalées sur les bords ou parsemées parmi les plus grandes plantes comme couverture végétale.

Recouvrez la zone d'une couche de cailloux ou de petites roches qui serviront de couverture.

Entretiens des plantes succulentes de jardin

Les plantes succulentes tolèrent les périodes de sécheresse mais doivent recevoir un arrosage régulier pendant la saison de croissance. Lorsque le sol est sec à 5 cm de profondeur, arrosez en profondeur, puis laissez le sol s'assécher à nouveau entre deux arrosages.

Le problème le plus courant des plantes succulentes est la pourriture. Pour l'éviter, gardez les tiges hors du sol et prévoyez des périodes de séchage entre les arrosages. Arrosez également à partir de la base de la plante pour que les feuilles restent sèches. Surveillez les insectes nuisibles et combattez-les par des pulvérisations d'eau et de savon horticole en spray. Retirez les tiges mortes et les offsets pendant l'entretien des plantes succulentes du jardin.

Un décalage est facile à démarrer comme une toute nouvelle plante. Mettez les rejets dans un mélange bien drainé et soignez-les jusqu'à ce que les racines soient pleines et saines, puis plantez-les dans une nouvelle zone du jardin.

QUAND PLANTER LES SUCCULENTES

Alors que de nombreux jardiniers se tournent vers des plantes succulentes nécessitant peu d'entretien dans le cadre de la conception de leur jardin extérieur, nous pouvons nous demander quelle est la période idéale de plantation des cactus et des plantes succulentes dans notre région. Peut-être ajoutons-nous de nouvelles plantes succulentes à notre collection intérieure et sommes-nous curieux de savoir quelle est la meilleure période de plantation des succulentes.

Informations sur le temps de plantation des succulentes

Indépendamment de la période de plantation appropriée pour votre région, ne laissez jamais une plante succulente achetée dans un pot de terre détrempée.

Les magasins de bricolage et les grandes surfaces trempent souvent les pots jusqu'à ce point, et cela peut être fatal pour la plante succulente. Si cela vous arrive, rempotez et retirez délicatement toute la terre humide que vous pouvez, puis laissez les racines sécher pendant quelques jours.

Rempotez la plante dans de la terre à cactus sèche et attendez une semaine ou deux avant de l'arroser.

Si vous devez décider quand planter des plantes succulentes dans différentes zones du paysage, tenez compte des conditions. Si vous avez acheté une plante cultivée en serre, ne la plantez pas immédiatement en plein soleil. Acclimatez la plante progressivement au plein soleil, en commençant par quelques heures par jour. Augmentez lentement la durée d'exposition. Certaines succulentes ont des feuilles brûlées par le soleil en cas d'exposition prolongée.

Périodes de plantation des succulentes dans différents climats

Ne plantez jamais de plantes succulentes pendant les journées chaudes et ensoleillées. Faites-le le soir et, si possible, attendez un jour frais et couvert pour faire vos plantations extérieures. Même si les plantes succulentes peuvent vivre sous le soleil et la chaleur extrême, elles préfèrent être plantées par temps plus doux. Si vous vivez dans une région où il fait chaud toute l'année et où la chaleur est torride en été, plantez les plantes succulentes à la fin de l'hiver ou au début du printemps. Veillez à planter dans un sol au drainage modifié.

Si vous cultivez des plantes succulentes sous d'autres climats, comme ceux où les hivers sont en dessous de zéro, assurez-vous que les températures nocturnes sont supérieures à 7 °C avant de les planter à l'extérieur. Beaucoup de ces plantes sont résistantes au froid, comme les sempervivums et les sedums, et peuvent exister à des températures beaucoup plus basses. Cependant, elles établiront plus rapidement un bon système racinaire sain si elles sont plantées à des températures plus chaudes.

Le début du printemps est le moment idéal pour planter dans de nombreuses régions, car la plupart des plantes succulentes commencent leur période de croissance printanière. C'est également un moment approprié pour planter celles qui resteront à l'intérieur.

Faites des recherches sur vos plantes et prêtez attention à la zone où vous plantez votre succulente ou votre cactus, en vous assurant qu'elle est proche de ce dont votre plante a besoin. Vous serez récompensé par la croissance et la beauté de vos plantes dans le jardin et à l'intérieur.

ARRANGEMENTS DE SUCCULENTES ZEN

La création d'un jardin zen avec des plantes succulentes est une autre façon pour les jardiniers de cultiver ces plantes à l'intérieur de la maison. Un mini jardin zen avec seulement quelques plantes laisse beaucoup de place pour le sable dans lequel vous pouvez griffonner et créer un design de base.

À propos de Zen Succulent Arrangements

Les jardins succulents zen sont censés représenter une vue aérienne de la mer et du rivage, et de tout ce qui se trouve entre les deux. Certains jardins zen sont conçus avec de petits cailloux, en limitant au maximum le sable. Les pierres représentent les îles, les montagnes et les gros rochers du paysage. Le sable représente l'eau et les dessins que vous faites sont des ondulations ou des vagues.

Si vous n'aimez pas le dessin que vous avez créé, utilisez un petit râteau pour plantes d'intérieur pour le lisser et essayez à nouveau. Utilisez un outil de votre kit de plantes d'intérieur pour gribouiller, ou même une baguette.

Certaines personnes semblent apprécier ce processus simple et disent que cela les calme. Si vous trouvez que c'est un moyen de détendre votre esprit et d'utiliser votre créativité, faites-en un pour vous.

Créez vos succulentes zen

Un jardin zen succulent ne comporte généralement qu'une ou deux plantes et quelques roches ou autres éléments décoratifs, la majeure partie du récipient étant consacrée au sable pour le gribouillage. Choisissez le sable ou les pierres comme élément principal, en fonction de l'espace que vous souhaitez consacrer au gribouillage. Du sable coloré et diverses pierres sont disponibles dans de nombreuses allées ou magasins d'artisanat.

Trouvez un bol peu profond qui s'harmonise avec les autres éléments autour de l'endroit où vous voulez garder votre mini jardin. Une zone ensoleillée le matin aidera vos plantes à rester en bonne santé.

Lorsque vous plantez ce type de composition, les plantes sont normalement conservées dans de petits récipients ou d'autres supports de fortune. Cependant, pour que votre plante reste en bonne santé et se développe, plantez-la dans un mélange de terre de cactus à drainage rapide dans une partie du bol et divisez la zone de plantation avec de la mousse florale.

Recouvrez les racines de terre, puis de sable ou de cailloux comme vous le ferez pour le reste du bol. Les racines de vos plantes seront plantées dans la terre, tout en laissant la même quantité d'espace supérieur pour créer vos motifs zen. Au bout de quelques mois, vous verrez probablement une croissance, que vous pourrez tailler si elle interfère avec le concept de votre jardin.

Utilisez des plantes à faible luminosité comme les Haworthia, Gasteria, Gollum Jade ou Crassula perforata.

Ces plantes se développent aussi bien dans la lumière vive que dans le soleil du matin. Vous pouvez également utiliser des plantes aériennes nécessitant peu d'entretien ou même des plantes artificielles. Les fougères sont également une possibilité pour une zone ombragée.

Appréciez le gribouillage lorsque l'envie vous en prend. Même si cela est limité, profitez de votre mini jardin zen comme d'un ajout intéressant à votre décor intérieur.

TERREAU POUR CACTUS

Les cactus font partie des plantes que je préfère cultiver à l'intérieur toute l'année, et à l'extérieur en été. Malheureusement, l'air ambiant a tendance à rester humide pendant la plupart des saisons, une condition qui rend les cactus malheureux. Le terreau pour cactus peut améliorer le drainage, augmenter l'évaporation et fournir les conditions sèches que les cactus préfèrent. Qu'est-ce que le terreau pour cactus ? Ce milieu favorise la santé optimale de vos cactus et imite les sols naturels granuleux, arides et pauvres en nutriments dans lesquels ils poussent naturellement. Vous pouvez acheter le mélange ou apprendre à fabriquer vous-même de la terre à cactus.

Conditions de culture des cactus

Les familles de cactus sont des plantes succulentes qui stockent l'humidité dans leurs coussinets, leurs tiges et leurs troncs pour l'utiliser pendant les périodes de sécheresse.

On les trouve généralement dans des conditions désertiques, bien que certaines soient tropicales ou subtropicales. Ces plantes préfèrent les endroits ensoleillés avec beaucoup de chaleur, les zones où il y a peu ou pas de précipitations et les sols difficiles.

La majorité de la famille fera d'excellentes plantes d'intérieur en raison de leurs besoins minimaux et de leur nature indulgente. Ces plantes robustes ont besoin d'eau, mais pas autant que la moyenne des plantes. Elles ont une forme unique et fleurissent avec une facilité d'entretien qui frise la négligence. Elles préfèrent un mélange de culture de cactus composé en partie de sable ou de gravier, d'un peu de terre et d'une pincée de mousse de tourbe.

Qu'est-ce que le mélange pour cactus ?

Le terreau pour cactus est disponible dans la plupart des pépinières et des jardineries. Il constitue une meilleure base pour les racines des cactus que la terre ordinaire et empêche les racines et les tiges de rester dans l'humidité, ce qui peut provoquer la pourriture. Le bon mélange de plantation pour les cactus a un drainage supérieur et s'assèche rapidement après l'arrosage. Les cactus vont récolter l'humidité dont ils ont besoin immédiatement pour la stocker dans leur corps, et l'excès d'eau doit être évaporé ou drainé pour éviter les maladies fongiques et la pourriture.

Les mélanges commerciaux utilisent les éléments classiques dans lesquels ces plantes poussent naturellement et ajoutent de la tourbe, qui a tendance à retenir l'humidité. Une fois que la tourbe a séché, il est difficile de lui faire absorber de l'eau à nouveau, ce qui rend le pot trop sec. Le verre est vraiment à moitié vide dans ce cas, car il ne reste pas assez d'eau dans le milieu pour que la plante puisse l'absorber.

Le mélange maison pour cactus peut être fait sur mesure pour n'importe quel type de cactus. Tout comme nos goûts personnels, un mélange ne convient pas toujours à toutes les variétés de cactus et à toutes les régions de culture.

Comment faire du terreau pour cactus ?

Il est en fait plus économique de faire son propre mélange. Si vous vivez dans un climat très aride, vous voudrez ajouter de la tourbe dans vos plantes en pot, mais faites attention et ne la laissez pas sécher complètement.

Dans la plupart des autres régions et à l'intérieur de la maison, les plantes sont bien avec une part de sable lavé, une part de terre et une part d'amendement granuleux comme des cailloux ou même des tessons de pot.

Un mélange très différent combine cinq parts de terreau, deux parts de pierre ponce et une part de coco pour un mélange qui sèche uniformément. Il se peut que vous deviez modifier la recette du sol en fonction de l'endroit où vous utilisez votre mélange pour cactus et de la variété de succulentes que vous avez.

Comment savoir si vous avez besoin d'un autre sol ?

Malheureusement, lorsque vous remarquez un déclin de la santé de votre cactus et que vous pensez à le rempoter dans un mélange différent pour plantes de cactus, il est peut-être trop tard. Il est préférable de faire le bon choix dès la première fois. Déterminez où se trouve naturellement votre cactus.

S'il s'agit d'une espèce désertique, utilisez le mélange le plus simple de sable fin propre, de gravillons et de terre. Si vous avez une espèce tropicale, ajoutez de la tourbe.

Les plantes telles que l'euphorbe s'adaptent remarquablement à presque tous les sols et peuvent même prospérer dans du terreau sec. Donnez un coup de pouce aux plantes en choisissant des récipients non vernis qui évaporent l'excès d'humidité et en n'arrosant profondément que lorsque le sol est complètement sec mais pas croûté.

ARROSER LES PLANTES DE CACTUS

À quelle fréquence faut-il arroser un cactus ? L'arrosage d'un cactus ne se limite pas à la fréquence. Il faut aussi que la porosité du sol, le drainage du récipient, les conditions du site et la période de l'année soient corrects.

À quelle fréquence faut-il arroser les cactus ?

Les cactus sont en fait assez juteux. Pensez à un aloès que vous ouvrez et à la substance mucilagineuse qui se trouve à l'intérieur des feuilles. Les cactus emmagasinent en fait l'humidité dans leurs cellules afin de disposer d'un peu d'eau dans des conditions de sécheresse extrême.

Ils sont remarquablement tolérants au manque d'eau, mais certains signes sur les feuilles, les coussinets ou les tiges indiquent que la plante est stressée par un manque d'humidité.

Reconnaître ces signes, ainsi que des informations sur la région d'origine et le climat de votre plante, peut vous aider à déterminer le meilleur moment pour arroser les cactus.

De nombreux facteurs influencent le moment de l'arrosage des plantes de cactus. Les plantes sont-elles en terre ou dans des récipients ? Quelle est l'exposition à la lumière, la température de l'air, le type de sol, la taille de la plante, l'exposition au vent ou aux courants d'air, et la période de l'année ? Quelle que soit la période de l'année, une constante parmi tous les types de cactus est leur incapacité à tolérer l'eau stagnante. À cette fin, le type de sol est très important.

Un sol meuble et bien drainé est essentiel à la santé des cactus. Si le sol est suffisamment poreux, un arrosage excessif occasionnel n'est pas vraiment un problème, car l'excédent s'évacue facilement. Les sols argileux lourds et compacts ou ceux qui contiennent de grandes quantités de matières organiques ont tendance à retenir l'eau et peuvent provoquer la pourriture des racines et des tiges inférieures des cactus. Les plantes en plein soleil ont tendance à se dessécher davantage que celles qui sont exposées à des conditions de luminosité plus faibles, tout comme les sites exposés au vent ou aux courants d'air.

Arrosage des plantes de cactus

Les cactus ont tendance à se développer principalement pendant les saisons chaudes. C'est à ce moment-là qu'elles ont besoin d'un supplément d'humidité pour alimenter cette croissance. Les plantes du printemps et de l'été doivent être suffisamment irriguées pour éviter que les feuilles, les coussinets et les tiges ne se froissent, et pour favoriser la production de nouvelles cellules, la floraison et la fructification, le cas échéant. À la fin de l'automne et en hiver, les plantes sont au repos et ont juste besoin d'assez d'eau pour passer la saison. Pendant cette période, il faut laisser le terreau ou le sol s'assécher entre les arrosages.

Cependant, les plantes situées à proximité de l'air chaud et sec d'une chaudière ou en plein soleil sèchent plus rapidement que celles situées dans d'autres endroits et peuvent avoir besoin d'un peu plus d'humidité pour résister à ces conditions arides. Au printemps et en été, les plantes ont besoin de plus d'humidité et l'arrosage moyen des plantes de cactus doit avoir lieu une fois par semaine ou plus fréquemment. C'est pourquoi il est important d'avoir un sol bien drainé, car tout surplus d'humidité peut s'éloigner des racines sensibles.

Comment arroser un cactus ?

Il existe plusieurs écoles de pensée sur la façon d'arroser ces plantes, mais un fait est clair. Ne brumisez pas les cactus du désert. Ils ne sont pas nés dans des régions où l'humidité de surface est prédominante. Au contraire, ils s'enfoncent profondément dans le sol pour récolter l'humidité laissée par la saison des pluies. Les cactus de la jungle sont un peu différents et s'accommodent bien d'une certaine brumisation. Un exemple de ce type de cactus est le cactus de Noël.

En général, la plupart des cactus cultivés sont des habitants du désert, il faut donc éviter de les arroser au-dessus de la tête. Les plantes en pot peuvent être placées dans une soucoupe d'eau pour absorber l'humidité par les racines. Retirez la plante de la soucoupe lorsque la terre est saturée à mi-hauteur.

Une autre méthode d'arrosage des plantes de cactus consiste à l'appliquer simplement à la surface du sol. Dans ce cas, plusieurs facteurs influencent la quantité d'eau, comme la chaleur, la lumière directe et la situation de la plantation. En général, un arrosage lent et profond est suffisant une fois par semaine. Cela peut se traduire par le trempage d'un conteneur jusqu'à ce que l'humidité s'écoule par les trous de drainage ou par l'utilisation d'un tuyau d'arrosage réglé à faible débit pour arroser régulièrement la zone des racines de la plante pendant plusieurs heures.

PLANTER DES GRAINES DE CACTUS

Avec la popularité croissante des plantes succulentes et des cactus, certains s'interrogent sur la culture des cactus à partir de graines. Tout ce qui produit des graines peut être reproduit à partir de celles-ci, mais ce n'est pas vrai pour toutes les graines. La culture des graines de cactus peut se faire facilement sans votre aide si les conditions sont bonnes, mais c'est peu probable. Certaines graines qui tombent dans l'habitat naturel peuvent prendre de nombreuses années pour germer. Vous devrez peut-être les faire germer vous-même. Une germination réussie des graines de cactus permet d'obtenir davantage de plantes pour enrichir votre collection.

Comment et quand planter des graines de cactus ?

Les graines se forment dans les fleurs du cactus. Si vous souhaitez tenter de les recueillir, retirez les fleurs lorsqu'elles se fanent et placez-les dans un petit sac en papier. Vous trouverez les graines lorsque les fleurs auront totalement séché. Vous pouvez également acheter des graines, car beaucoup sont disponibles en ligne. Vérifiez que vous achetez auprès d'une source réputée. Vous voulez des graines saines et viables pour germer.

La dormance de la graine doit être levée avant qu'elle ne germe. Plusieurs moyens de supprimer le facteur de dormance sont importants lorsqu'on apprend à planter des graines de cactus avec succès.

Nickeler le manteau dur qui recouvre la graine. Le trempage des graines avant la croissance est nécessaire pour certains types. L'opuntia, par exemple, est l'une de celles dont le tégument est résistant et germera plus rapidement si la surface de la graine est abrasée et trempée. Les graines d'Opuntia bénéficient également du processus de stratification par le froid.

Pour une croissance optimale des graines, suivez les étapes dans cet ordre :

- Scarifiez la graine, en faisant une petite ouverture, avec du papier de verre, un petit couteau ou votre ongle.

- Faites-la tremper dans de l'eau tiède pendant quelques jours, en changeant l'eau tous les jours.

- Stratifier en plaçant la terre au congélateur ou au froid extérieur pendant 4 à 6 semaines.

Une fois ces étapes terminées, plantez vos graines dans un mélange de départ de graines humide et bien drainant et couvrez. Ne pas planter profondément. Certaines plantes, comme le cactus baril doré, peuvent être simplement posées sur le sol. Pour d'autres, il suffit d'une légère couverture de terre.

Placez les plantes dans un endroit lumineux, mais pas en plein soleil. Une lumière solaire filtrée est acceptable. Même si le cactus pousse dans des zones sèches, il a besoin d'une forte humidité pour germer. Le sol doit rester humide, mais pas détrempé. Les graines germeront au bout de quelques semaines à quelques mois. La patience est une vertu.

Selon l'info sur la culture des graines de cactus, le sol se développe avant le système racinaire. Une humidité constante et élevée est donc nécessaire jusqu'à ce que les racines soient bien développées. Cela se passe normalement jusqu'à ce que la plante remplisse le petit récipient de départ. Vous pouvez alors transplanter votre cactus issu de graines.

SUPPRESSION DES REPOUSSES DE CACTUS

L'une des méthodes les plus simples de propagation des plantes pour les cactus consiste à prélever des petits cactus. Ceux-ci n'ont pas d'oreilles en fourrure ni de queue, mais sont des versions plus petites de la plante mère à la base. De nombreuses espèces de cactus sont connues pour faire pousser des petits cactus, qui présentent les mêmes caractéristiques que le parent, sans les caprices des graines, qui peuvent produire des plantes aux caractéristiques différentes.

Le prélèvement des repousses des cactus, également connus sous le nom de rejetons, permet non seulement de produire une autre plante complète, mais est également utile dans les conteneurs surpeuplés. La propagation des cactus par les boutures est plus facile que la croissance lente des graines, la précision chirurgicale des greffes et la variabilité des boutures. Les petits cactus sont de petites copies complètes de l'espèce mère et il suffit de les retirer de l'adulte.

Types de cactus qui produisent des feuilles mortes

Tous les cactus ne sont pas capables de produire des rejetons de cactus, mais beaucoup de types en tonneau et en rosette le font. Vous pouvez également trouver des repousses sur des plantes succulentes comme l'aloès et le yucca. Dans la nature, les grands cactus en tonneau forment des rejetons et leur fournissent une pépinière en partageant des nutriments et de l'eau et en protégeant la jeune plante du soleil.

La plupart des rejets se forment à la base de la plante, mais certains se forment également le long de la tige ou même sur les coussinets. Vous pouvez les prélever et les enraciner pour obtenir une toute nouvelle plante. La propagation des cactus par les rejets est facile à condition de faire des coupes nettes, de fournir le bon milieu et de laisser les rejets se développer. Tous les cactus matures en bonne santé avec des rejets peuvent être utilisés pour prélever des petits cactus en vue de leur multiplication.

Comment enlever les rejetons cactus sur les plantes

La première étape consiste à apprendre comment enlever les rejetons cactus sur une plante. Prenez un couteau très aiguisé et essuyez la lame avec de l'alcool ou une solution d'eau de Javel à 10 %. Cela empêchera les agents pathogènes de pénétrer dans les zones coupées.

Localisez un rejeton et coupez-le à un angle de 45 degrés. Une coupe oblique sur le parent déviera l'eau afin que la zone ne pourrisse pas avant qu'elle ne puisse se développer. Certains propagateurs aiment saupoudrer l'extrémité coupée de l'offset avec de la poudre de soufre pour éviter les problèmes de champignons et de pourriture. Cela n'est pas nécessaire dans la plupart des cas, tant que vous laissez l'extrémité coupée se développer complètement. Cela peut prendre quelques semaines, voire des mois. L'extrémité doit être sèche et durcie, légèrement ratatinée et blanchâtre.

Culture des cactus

Après avoir retiré les rejets des cactus et les avoir laissés se développer, il est temps de les mettre en pot. Le bon milieu est bien drainant et granuleux. Vous pouvez acheter un mélange pour cactus ou faire le vôtre avec 50 % de pierre ponce ou de perlite et 50 % de tourbe ou de compost.

Les boutures n'ont besoin que d'un pot un peu plus grand que leur diamètre à la base. Couvrez un tiers à la moitié de la base avec le milieu ou suffisamment pour que la bouture ne tombe pas. Placez le chiot à la lumière indirecte, mais vive, du soleil et gardez le milieu légèrement humide.

La plupart des cactus s'enracinent en quatre à six semaines, mais certains peuvent prendre des mois. Vous pouvez savoir qu'il s'est enraciné en remarquant toute nouvelle croissance verte qui indique que les racines ont décollé et que la plantule reçoit des nutriments et de l'eau.

COMMENT REMPOTER UN CACTUS

Les cactus sont des plantes d'intérieur qui demandent peu d'entretien et qui ont beaucoup de caractère et une grande variété de formes. Ils sont relativement sans entretien, à l'exception d'un arrosage peu fréquent et d'une alimentation annuelle. De nombreux jardiniers demandent "dois-je rempoter mon cactus ?". Ils n'ont pas besoin d'être rempotés souvent, mais juste de temps en temps pour reconstituer le sol et lorsque la plante a besoin d'un pot plus grand. Le moment où il faut rempoter un cactus dépend de la plante et de son état.

Outils pour le rempotage des cactus

Les cactus sont des plantes grasses et ont tendance à privilégier les conditions sèches et chaudes. Ils stockent l'humidité dans leurs coussinets et utilisent leurs épines à la fois comme moyen de défense et pour fournir une certaine protection contre les rayons brûlants du soleil. Les cactus cultivés à la maison peuvent presque être ignorés, mais ils ont besoin de lumière, de chaleur, d'eau et d'être rempotés pour rafraîchir le sol. Le rempotage des cactus nécessite un mélange de terre spécial, un récipient bien drainant et une protection tactique.

Le premier problème à régler est la manipulation d'une plante épineuse. Il y a plusieurs façons de procéder. Vous pouvez envelopper la plante dans plusieurs couches de papier journal et la fixer légèrement avec du ruban adhésif ou de la ficelle. Vous pouvez également utiliser une paire de gants en cuir ou, pour les plantes plus petites, prendre vos gants de cuisine.

L'un des conseils les plus sûrs pour le rempotage est d'utiliser des pinces de cuisine. Vous aurez également besoin d'un mélange pour cactus que vous pouvez acheter ou fabriquer. Un bon mélange est composé à parts égales de sable ou de gravier pour oiseaux, de terreau et de terreau pour feuilles. Votre récipient doit avoir d'excellents trous de drainage et, de préférence, ne pas être émaillé afin que l'argile puisse diriger et évaporer tout excès d'humidité.

Quand rempoter un cactus ?

Vous saurez quand rempoter un cactus si vous voyez des racines sortir du fond du récipient. Cela indique que le cactus a trop de racines. La plupart des cactus trouvent les petits espaces très confortables et peuvent rester dans leur contenant pendant des années. La vue de racines vous fera savoir qu'il s'est trop développé et qu'il devra être rempoté.

La taille supérieure du conteneur sera appropriée car ils aiment les espaces restreints. La règle générale est de rempoter tous les 2 à 4 ans. Si vous fertilisez annuellement, cette dernière fréquence est plus appropriée, mais si vous ne fertilisez pas, rempotez tous les deux ans pour reconstituer la fertilité du sol. Le meilleur moment est pendant la croissance active, en janvier ou février.

Comment rempoter un cactus ?

Une fois que vous avez répondu à la question "Dois-je rempoter mon cactus ?", il est temps de rassembler vos outils et d'échanger l'ancien sol ou récipient. Tous les cactus n'ont pas besoin d'un nouveau récipient, mais il est bon d'avoir de la terre fraîche. Seules les plantes en pot ont besoin d'un pot plus grand.

Enveloppez, gantelez ou tirez doucement la plante hors de son pot. En général, elles sortent facilement si la terre est sèche, mais il se peut que vous deviez passer une truelle sur les bords pour ameublir la terre. Secouez l'ancienne terre et plantez le cactus à la même profondeur qu'il poussait dans l'ancienne terre. Remplissez autour des racines avec votre milieu de culture et placez le cactus dans une fenêtre ensoleillée au sud-est ou à l'est.

L'un des conseils importants pour le rempotage d'un cactus est de ne pas encore arroser la plante, car elle s'adapte à la manipulation et aux nouvelles conditions du sol. Après quelques semaines, vous pouvez arroser la plante et la laisser sécher avant de l'arroser à nouveau.

INFORMATION SUR LA TAILLE DES CACTUS

Vous serez peut-être surpris d'apprendre que les cactus ont besoin d'être taillés de temps en temps. La taille des cactus n'est pas toujours nécessaire et le moment où il faut tailler un cactus dépend de la raison pour laquelle vous le taillez. Quelques notes sur la façon de tailler un cactus à des fins de propagation, de rajeunissement et d'intégrité structurelle vous permettront de nettoyer correctement vos plantes succulentes.

Peut-on tailler un cactus ?

Les nouveaux cultivateurs de succulentes peuvent demander : "Peut-on tailler un cactus ?" La plupart des cactus n'ont pas vraiment besoin d'être taillés, sauf s'ils ont une grosse branche énorme qui semble prête à faire basculer la plante. Les principales raisons pour lesquelles on taille les cactus sont les suivantes : enlever des parties pour créer de nouvelles plantes, enlever les rejets ou les petits pour la même raison, revigorer une plante qui est devenue trop haute ou qui a trop de jambes, et enlever les parties endommagées.

Les cactus se présentent sous un large éventail de formes. La taille des cactus peut mettre en valeur ces formes tout en évitant le surpeuplement, qui peut augmenter les risques de maladies, de moisissures et de plantes malsaines.

- Les Opuntias, Crassula, et Senecios ont des coussinets qui servent de feuilles et ceux-ci sont faciles à enlever et peuvent être utilisés pour démarrer de nouvelles plantes.

- Les plantes colonnaires, comme les cactus totem ou les cactus tuyaux d'orgue, peuvent simplement devenir trop hautes ou trop maigres et nécessitent une décapitation judicieuse pour forcer la ramification ou simplement des tiges plus épaisses.

- D'autres plantes succulentes de la famille produisent des tiges florales qui sont persistantes et deviennent laides une fois mortes. Leur élimination permet de restaurer la beauté de la plante.

La taille des cactus a des objectifs variés, mais la bonne nouvelle est que vous pouvez utiliser la plupart des parties que vous enlevez pour démarrer de nouvelles plantes.

Comment couper un cactus

Le "comment" de la coupe d'un cactus répond comme une mauvaise blague. La réponse simple est : très prudemment. La plupart des cactus ont un type d'épine ou de piquant qui peut être douloureux à rencontrer. Utilisez des gants épais et portez des pantalons et des manches longues pour les plus gros spécimens de jardin.

L'outil dépendra de la taille de la plante, mais la plupart succomberont à un sécateur. Seules les plus grandes nécessiteront une scie. Comme pour toute taille, assurez-vous que l'outil utilisé est bien aiguisé et propre pour éviter de blesser la plante et diminuer les risques de maladie.

Supprimez les branches au niveau du point de ramification, mais veillez à ne pas couper dans la tige principale. Les coussinets ou les feuilles peuvent simplement se détacher ou vous pouvez utiliser des élagueurs pour les enlever.

Pour un gros travail comme la coupe d'un spécimen en colonne, utilisez une scie et retirez le tronc principal à l'endroit où vous souhaitez voir apparaître des ramifications ou à la hauteur à laquelle vous voulez que la plante soit. Essayez d'enlever la tige à un point de croissance.

Les plantes comme l'agave ont besoin que les vieilles feuilles soient enlevées pour préserver leur apparence. Coupez-les à la base de la plante avec des ciseaux.

Que faire des parties taillées ?

Passons maintenant à la partie amusante. Presque tout le matériel que vous enlevez peut être récupéré, à l'exception des tiges et des feuilles malades ou mortes.

- Les coussinets s'enracineront s'ils sont posés sur la terre et se développeront en une nouvelle plante de la même espèce.

- Il faut laisser les tiges et les troncs coupés callosités à l'extrémité pendant plusieurs jours, puis les planter pour créer de nouveaux cactus.

- Les rejets ou les petits que vous coupez à la base d'un spécimen sont de nouvelles plantes à part entière et doivent être immédiatement rempotés.

- Les tiges de fleurs et les feuilles mortes sont du compost, mais certaines variétés de cactus produisent des feuilles sur la tige de la fleur qui peuvent être traitées de la même manière que les coussinets des autres espèces. La plupart des parties de cactus commenceront à s'enraciner en un mois.

Une fois que vous aurez redonné à votre cactus initial toute sa gloire, vous aurez le plaisir de fabriquer d'autres exemplaires de cette plante spectaculaire et pourrez augmenter votre collection ou les offrir à votre famille et à vos amis.

CRÉER UN JARDIN DE CACTUS

Les cactus et les plantes grasses sont des plantes paysagères exceptionnelles. Ces plantes sont également bien adaptées aux environnements en pot, ce qui en fait d'excellents candidats pour la culture en intérieur également.

Types de cactus

Les cactus varient en taille, couleur, forme et habitudes de croissance. Ils peuvent pousser en colonnes droites, en touffes étalées ou en boules épineuses. On peut même les trouver en cascade sur de gros rochers ou dans des paniers suspendus. Les cactus sont également disponibles dans de nombreuses variétés, dont beaucoup produisent des fleurs étonnantes. Si de nombreux types de cactus sont originaires des climats désertiques, la plupart d'entre eux tolèrent un certain nombre de conditions de croissance. Cette polyvalence permet d'aménager des cactus presque partout.

Parmi les types de cactus les plus populaires que l'on trouve dans les aménagements paysagers, citons.. :

- Cactus à figues de Barbarie - Le cactus à figues de Barbarie est connu pour ses tiges épineuses larges et plates, dont les extrémités prennent une couleur corail au grand soleil.

- Cactus baril - Le cactus baril ressemble à des barils couverts d'épines.

- Cactus Cholla - Le cactus Cholla a des tiges fines et rondes et est très attrayant lorsqu'il est utilisé comme point focal dans le paysage.

- Cactus en pelote d'épingles - Le cactus en pelote d'épingles ressemble à une petite pelote d'épingles avec ses épines minuscules qui dépassent de sa forme de boule ronde ; il constitue un ajout intéressant au jardin.

- Totem pole cactus - Le Totem pole cactus se caractérise par sa grande hauteur et sa forme de colonne sans épines.

- Cactus à tuyau d'orgue - Cactus à tuyau d'orgue pousse en grappes qui ressemblent à son nom - les tuyaux d'orgue.

Conseils pour l'aménagement des cactus

Lorsque vous aménagez un paysage avec des cactus et des plantes succulentes, vous devez toujours commencer par faire vos devoirs. Apprenez-en davantage sur leurs exigences de croissance individuelles et essayez de les faire correspondre à celles de votre paysage.

Les cactus ont un certain nombre de tactiques de survie qui leur permettent de s'adapter à un environnement particulier ; cependant, il est toujours préférable de choisir ceux qui sont les plus susceptibles de prospérer dans votre région. L'inclusion d'une variété de cactus qui partagent les mêmes besoins de croissance mais avec des hauteurs et des textures différentes ajoutera de l'intérêt au jardin de cactus.

Cultiver des cactus en plein air

Lorsque vous cultivez des cactus en extérieur, choisissez autant que possible un emplacement ensoleillé et en pente. Le fait de placer les cactus sur une pente permet un meilleur drainage, ce qui est vital lorsqu'on a affaire à ces plantes.

Selon le type de cactus choisi, les lits doivent avoir une profondeur de 15 à 31 cm avec un sol bien drainé spécialement conçu pour les cactus. Vous pouvez l'acheter ou le mélanger vous-même en utilisant deux parts de terreau, deux parts de sable et une part de gravier. Les cactus apprécient également une couche modérée de paillis, comme des cailloux, des pierres ou une substance similaire. Une fois établis, les cactus nécessitent peu d'entretien et très peu, voire pas du tout, d'eau.

PARASITES COURANTS DES PLANTES SUCCULENTES

L'un des grands avantages de la culture des plantes succulentes est le peu de parasites qu'elles attirent. Si les ravageurs sont moins nombreux sur ces plantes, ils peuvent tout de même parfois attaquer. Il est important de garder un œil sur les petits moucherons, les pucerons et les cochenilles, car ce sont les parasites les plus courants des plantes succulentes/cactus. Examinons les parasites des cactus et des succulentes et apprenons comment nous en débarrasser.

Si d'autres insectes peuvent occasionnellement grignoter ces plantes de cactus et succulentes, ils ne sont généralement pas assez nombreux pour causer de réels dégâts - comme ceux des coléoptères du cactus. Cependant, les trois délinquants les plus courants que vous pouvez rencontrer sont les suivants :

Moucherons fongiques

Les moucherons, semblables à ces petites mouches (mouches des fruits) qui entourent les bananes et autres fruits lorsqu'ils sont un peu trop mûrs, peuvent s'attarder sur vos plantes ou à proximité. Un excès d'eau dans le sol les attire. Évitez de trop arroser les plantes succulentes afin d'éloigner les mouches des fruits.

Si vous avez fait tremper vos plantes et que vous remarquez ensuite des problèmes de parasites des succulentes et des cactus comme celui-ci, laissez-les sécher. Pour les plantes d'intérieur, mettez-les dehors pour accélérer le séchage lorsque les températures le permettent. Si le sol est détrempé, retirez le pot et la terre des racines pour éviter la pourriture. La pourriture se développe rapidement sur les racines et les tiges humides. Rempotez ensuite dans un sol sec.

Pucerons

Un essaim de petites bestioles autour du nouveau feuillage est généralement le redoutable puceron. Vous pouvez remarquer des fils cotonneux parmi les jeunes feuilles. Ces insectes mesurent environ 3 mm et peuvent être noirs, rouges, verts, jaunes ou bruns ; leur couleur dépend de leur régime alimentaire. Les pucerons sucent la sève des nouvelles pousses, laissant le feuillage froissé ou rabougri. Ces ravageurs se propagent rapidement à d'autres plantes.

Le traitement varie selon que les plantes sont à l'intérieur ou à l'extérieur. Un jet d'eau les déloge généralement et ils ne reviennent pas. Les plantes d'intérieur ne peuvent souvent pas être arrosées avec un jet d'eau. Si le feuillage est trop délicat, utilisez un alcool ou un spray horticole. Une seule application suffit généralement à venir à bout des pucerons, mais vérifiez régulièrement qu'ils sont partis et contrôlez les plantes voisines.

Les pucerons des racines sont une variété différente de ces ravageurs qui se nourrissent des racines de vos plantes succulentes. Si vos plantes jaunissent, sont rabougries ou n'ont tout simplement pas l'air bien, vérifiez la présence de pucerons des racines. La perte de vigueur et l'absence d'autres symptômes visibles de parasites ou de maladies sont une bonne raison de retirer le pot et de regarder.

Ces pucerons sournois essaient de se cacher sous la motte de racines, bien qu'on les trouve parfois sur la surface du sol. Assurez-vous de retirer les pots à l'extérieur, ou au moins loin des autres plantes. Un insecticide systémique ou des produits contenant du Spinosad, un nouveau sol et une surveillance attentive peuvent aider à éloigner les pucerons des racines. Jetez la terre infectée loin de tout ce que vous cultivez.

Cochenilles

Une masse blanche et cotonneuse sur vos plantes indique souvent la présence de cochenilles farineuses. Les œufs passent l'hiver sur les tiges ligneuses et les chenilles éclosent au printemps. Celles-ci sucent les sucs des parties molles de vos plantes, provoquant une déformation de la croissance et affaiblissant la plante. En suçant les feuilles, les chenilles développent un revêtement cireux qui les protège. Les chenilles qui se nourrissent restent généralement au même endroit, à moins que les fourmis ne les déplacent vers une autre plante.

Les fourmis convoitent le jus (miellat) produit par l'alimentation des cochenilles et des pucerons, protégeant ainsi les ravageurs dans leur relation symbiotique. La pulvérisation d'alcool ou de savon d'horticulture dissout l'exosquelette protecteur, éliminant ainsi les parasites. Là encore, plusieurs traitements peuvent être nécessaires. L'alcool est disponible en flacons pulvérisateurs très pratiques. Les types 50 % et 70 % fonctionnent pour traiter les parasites.

Ne laissez pas ces parasites des plantes succulentes ou des cactus vous empêcher de profiter de vos plantes. Il vous suffit d'apprendre ce qu'il faut rechercher et comment les traiter pour que ces plantes conservent toute leur splendeur.

PROBLÈMES D'ARROSAGE DES SUCCULENTES

Alors que vous pensez avoir trouvé la solution pour les plantes succulentes faciles à entretenir, vous entendez dire que l'eau du robinet est mauvaise pour les plantes. L'utilisation d'un mauvais type d'eau crée parfois des problèmes qui surviennent au moment où l'on s'y attend le moins.

Problèmes d'eau des succulentes

S'il y a des taches sur les feuilles de vos plantes succulentes ou une accumulation blanche sur le sol ou le récipient en terre cuite, vous utilisez peut-être une eau inappropriée pour les plantes succulentes. La mauvaise eau peut rendre votre sol alcalin, ce qui n'est pas une bonne situation de croissance. De nombreux jardiniers amateurs ont, sans le savoir, endommagé des plantes en arrosant des cactus et des plantes grasses avec de l'eau du robinet.

Si votre eau du robinet provient d'une source municipale (eau de ville), elle contient probablement du chlore et du fluor, qui n'ont ni l'un ni l'autre des nutriments bénéfiques pour vos plantes. Même l'eau de puits qui est filtrée pour être adoucie comprend des produits chimiques qui donnent des sels et une eau alcaline. L'eau dure du robinet contient une quantité importante de calcium et de magnésium, ce qui cause également des problèmes d'arrosage des succulentes. Parfois, le fait de laisser reposer l'eau pendant un jour ou deux avant de l'utiliser améliore la qualité et laisse le temps à certains produits chimiques de se dissiper, mais pas toujours.

L'eau idéale pour les succulentes

La plage de pH idéale est inférieure à 6,5, juste à 6,0 pour la plupart des plantes succulentes, ce qui est acide. Vous pouvez acheter un kit d'analyse pour déterminer le pH de votre eau et des produits pour faire baisser le pH. L'ajout de vinaigre blanc ou de cristaux d'acide citrique peut faire baisser le pH. Mais vous devez tout de même connaître le pH de l'eau du robinet pour être sûr d'ajouter la bonne quantité.

Vous pouvez également acheter de l'eau distillée. La plupart de ces options sont gênantes et peuvent devenir coûteuses, en fonction du nombre de plantes que vous devez arroser.

Une solution plus simple et plus naturelle consiste à recueillir l'eau de pluie pour arroser les plantes succulentes. La pluie est acide et permet aux racines des plantes succulentes de mieux absorber les nutriments. L'eau de pluie contient de l'azote, dont on sait qu'il est bénéfique pour les plantes traditionnelles, mais dont l'utilisation pour nourrir les plantes succulentes est souvent déconseillée. Cependant, l'azote ne semble pas poser de problème lorsqu'il se trouve dans l'eau de pluie. La pluie s'oxygène en tombant et, contrairement à l'eau du robinet, elle transmet cet oxygène au système racinaire des plantes succulentes, tout en éliminant les sels accumulés dans le sol des plantes.

Les succulentes et l'eau de pluie forment une combinaison parfaite, les deux étant naturelles et manipulées par leurs conditions actuelles. Bien que le processus de collecte de l'eau de pluie prenne souvent du temps et dépende de la météo, cela vaut la peine de faire un effort lorsqu'on cherche la meilleure façon d'arroser les plantes succulentes.

Maintenant que vous connaissez les options, vous pouvez décider du type d'eau à utiliser pour les succulentes en observant les résultats sur vos plantes.

COMMENT RÉPARER LA POURRITURE DES RACINES DES SUCCULENTES

L'une des causes les plus courantes de maladie (et même de mort) des plantes est le pourrissement des racines des succulentes. Les succulentes originaires des régions arides doivent bénéficier d'un drainage adéquat et d'un arrosage modéré pour bien contrôler la pourriture des racines.

Pourquoi les succulentes pourrissent-elles ?

Des feuilles molles, ratatinées et jaunes indiquent que les racines des plantes succulentes sont en train de pourrir. Pourquoi les plantes succulentes pourrissent-elles ? La réponse peut être culturelle ou fongique. Dans la plupart des cas, il s'agit d'un problème dû à un sol mal drainé et à une trop grande humidité. Il est important d'apprendre comment arrêter la pourriture des succulentes pour sauver votre plante.

De nombreuses plantes succulentes sont originaires des régions désertiques arides, mais certaines, comme les cactus de fête, sont adaptées aux régions chaudes et tropicales. Toute plante en pot, dont le drainage est insuffisant et qui se trouve dans un sol lourd, peut être la proie de la pourriture des racines. Les plantes en conteneur présentent un risque particulier, car elles doivent satisfaire tous leurs besoins dans un espace réduit.

Les signes les plus courants, en dehors des problèmes de feuilles, sont une tige molle, trop souple, où la plante a du mal à se soutenir. La plante ou le sol peuvent également dégager une odeur. Le sol aura une odeur de moisissure ou la plante aura tout simplement une odeur de pourriture. Les plantes commencent à s'affaisser au niveau du corps principal. L'effondrement des tissus végétaux est un signe ultérieur et dangereux que les racines d'une succulente sont en train de pourrir.

Prévention de la pourriture des racines de succulentes

Le contrôle de la pourriture des racines des succulentes commence par une plantation et des soins précoces. Utilisez un terreau bien drainant pour succulentes ou fabriquez le vôtre avec un mélange de terreau, de sable et de tourbe. Il peut être préférable de fumiger ou de stériliser le sol avant de le planter pour tuer les larves d'insectes, les champignons ou les bactéries existants.

N'arrosez que lorsque le fond du sol au niveau des trous de drainage est sec. Réduisez l'arrosage de moitié en hiver. Si vous constatez des signes de pourriture, certaines plantes succulentes peuvent être sauvées grâce à une application de fongicide à base de cuivre, soit par trempage du sol, soit par application foliaire.

Comment arrêter la pourriture des racines des succulentes

Si vous êtes un cultivateur très vigilant et que vous remarquez les signes précoces, il existe des mesures que vous pouvez prendre pour sauver votre plante si les racines de la succulente sont en train de pourrir. De nombreuses plantes succulentes produisent des rejets que l'on peut séparer de la plante mère, laisser se développer et replanter.

Si la base de la plante principale est solide et que les racines semblent être exemptes de maladie, vous pouvez encore sauver la plante entière. Retirez-la du sol malade et coupez les racines ou les feuilles pourries avec des instruments stériles et tranchants.

Ensuite, stérilisez le récipient et utilisez de la terre fraîche. Mélangez un bol d'eau avec une goutte de savon à vaisselle antibactérien. À l'aide de cotons-tiges frais, essuyez très soigneusement les racines de la succulente. Vous pouvez également tremper les racines dans une préparation antifongique diluée. Laissez les racines sécher complètement avant de les rempoter. Laissez la plante sécher pendant deux semaines et observez-la attentivement.

Même si vous ne pouvez pas conserver la plante entière, vous pouvez prendre des feuilles, des tiges ou des rejets pour en démarrer une nouvelle.

PLANTES SUCCULENTES TOMBANTES

Les plantes succulentes réagissent différemment des autres types de plantes lorsqu'elles sont trop sèches. Les plantes succulentes s'affaissent, mais il peut y avoir d'autres signes de sécheresse excessive. Lorsque vous observez une succulente aux feuilles tombantes, cela signifie que le sol a été tellement sec que vous devrez prendre des mesures spéciales pour réhabiliter votre plante. Ne désespérez pas, ces plantes sont résistantes et peuvent généralement retrouver rapidement une bonne santé.

Premiers signes d'un dessèchement excessif des succulentes

Les plantes succulentes constituent l'un des groupes de plantes les plus faciles à cultiver. Les plantes succulentes flétries sont l'expression d'une déshydratation extrême. Des feuilles tombantes sur des spécimens de plantes succulentes signifient que le sol a été sec comme un os pendant un certain temps. Ces plantes peuvent tolérer de longues périodes de sécheresse, mais elles ont besoin d'humidité pour se développer. Lorsque les feuilles des plantes succulentes s'affaissent, il est temps d'agir.

Avant même de voir des plantes succulentes flétries, vous pouvez observer les signes d'une plante desséchée dans ses feuilles. Les plantes succulentes stockent l'humidité dans leurs feuilles épaisses ou leurs coussinets. Lorsque la plante est desséchée, les feuilles se froncent.

D'autres signes de stress hydrique sont la chute des feuilles et les changements de couleur des feuilles. Une plante dont le niveau d'humidité est correct aura des feuilles potelées qui se tiennent droites ou fermement sur les tiges. Vous pouvez juger de la santé de la plante en appuyant doucement sur les feuilles. Elles doivent être fermes mais céder doucement.

Que faire pour une succulente aux feuilles tombantes ?

Si les feuilles succulentes tombent, la plante peut avoir besoin d'une attention particulière. Si un doigt inséré dans le sol ne détecte aucune humidité, le problème est la sécheresse. En revanche, s'il est humide, le problème peut être autre.

De toute évidence, lorsqu'il est sec, le sol a besoin d'humidité au niveau des racines. Si vous arrosez simplement à la surface du sol, cela ne fonctionnera que pour hydrater les plantes à racines peu profondes. Pour celles qui se trouvent dans des récipients plus petits et dont les racines sont peu profondes, il est préférable de faire tremper le récipient. Cela amènera l'humidité jusqu'aux racines par capillarité et empêchera la tige d'être trop humide, ce qui pourrait provoquer la pourriture.

Comment éviter que les plantes succulentes ne s'affaissent ?

Les feuilles tombantes des plantes succulentes peuvent également être le signe d'une maladie, d'une lumière inadéquate ou d'une carence en nutriments. Si vous déterminez qu'il s'agit d'un manque d'eau, suivez les étapes ci-dessus. Une fois que la plante est à nouveau guillerette, commencez un programme d'arrosage régulier.

Si vous ne savez pas quand arroser, procurez-vous un humidimètre. N'oubliez pas que les petits récipients se dessèchent plus rapidement, tout comme les plantes en plein soleil dans les régions sèches. Les plantes en terre dans un sol granuleux se déshydrateront également plus rapidement que celles dans un pourcentage plus élevé de terreau. Le type de sol est important pour que l'excès d'eau s'écoule rapidement tout en conservant une quantité suffisante pour la plante.

PLANTE SUCCULENTE QUI NE FLEURIT PAS

La plupart d'entre nous aiment nos plantes succulentes uniquement pour leur feuillage inhabituel et différent. Faire fleurir une succulente est un bonus supplémentaire de cette plante déjà merveilleuse. Pourtant, pour prouver que nous avons vraiment la main verte, nous pouvons être inquiets si les succulentes ne fleurissent pas. Apprendre à faire fleurir les succulentes est quelque peu différent de l'obtention de fleurs sur d'autres plantes. Examinons les moyens d'encourager la floraison des succulentes en temps voulu.

Pourquoi ma succulente ne fleurit-elle pas ?

Les fleurs apparaissent généralement sur des plantes succulentes matures et bien situées. Si vous créez de nouvelles plantes à partir de feuilles ou de boutures, il faudra peut-être attendre cinq ans ou plus avant que les fleurs n'apparaissent. Ce délai est encore plus long pour les cactus, car certaines variétés ne fleurissent pas avant que la plante ait 30 ans.

Si vous connaissez le nom de votre succulente ou de votre cactus, essayez de rechercher des informations sur la floraison de la plante en question. Certains experts disent que vos plantes succulentes fleurissent lorsqu'elles ont quatre à six ans. Ne vous découragez pas pour autant. J'ai eu plusieurs succulentes qui ont fleuri au cours de leurs premières années.

De nombreuses plantes succulentes forment des bourgeons pendant les températures modérées du printemps, tandis que d'autres attendent le refroidissement de l'automne. D'autres produisent des fleurs en été. Un ensoleillement adéquat est nécessaire pour la floraison de la plupart d'entre elles, mais certaines plantes, comme l'Haworthia et le Gasteria, peuvent fleurir à l'ombre.

Faire fleurir une succulente

Essayez d'adapter les plantes d'intérieur et les plantes grasses d'extérieur à une demi-journée de soleil le matin. Cela aide la plante à créer chimiquement ce dont elle a besoin pour produire des fleurs et c'est un processus à long terme. Une croissance ouverte et étirée sur des plantes qui devraient être compactes montre qu'elles ne reçoivent pas assez de soleil. Il en va de même pour les cactus globulaires. Les températures plus chaudes et les jours plus longs favorisent la floraison de bon nombre de ces spécimens.

Si vous gardez vos plantes succulentes à l'intérieur, il peut être plus difficile de les faire fleurir, mais le fait de les installer dans le bon éclairage favorise la floraison. Si vous avez refusé d'arroser pendant l'hiver, reprenez l'arrosage lorsque les températures se réchauffent. N'apportez pas un excès d'eau, mais saturez le sol.

Fertilisez pendant que le sol est encore humide. Augmentez de ¼ de force à ½ force l'alimentation d'un aliment riche en phosphore tous les mois. Utilisez ces étapes si vous constatez que votre succulente ne fleurit pas au moment opportun.

Apprendre pourquoi une succulente ne fleurit pas explique comment prendre soin de vos plantes pour qu'elles fleurissent, mais ce n'est pas très différent des soins qui les maintiennent dans leur état le plus sain et le plus attrayant. L'exception est l'eau. Vous limitez peut-être la quantité d'eau que vous donnez à vos plantes afin de les stresser et d'obtenir plus de couleurs. Si c'est le cas, décidez si vous voulez des plantes succulentes ou des fleurs colorées et arrosez en conséquence.

N'oubliez pas, cependant, que les plantes succulentes n'ont pas besoin d'un arrosage abondant, même pour fleurir. Vous serez peut-être surpris par une fleur sur une succulente stressée si elle est placée correctement - parfois, tout e

CACTUS TROP ARROSÉ

Puisqu'ils nécessitent si peu d'entretien, les cactus devraient être parmi les plantes les plus faciles à cultiver. Malheureusement, il est difficile d'accepter le peu d'entretien dont ils ont réellement besoin, et de nombreux propriétaires de cactus les tuent accidentellement par bonté en les arrosant trop.

Symptômes d'un excès d'eau chez les cactus

Est-ce que j'arrose trop mon cactus ? C'est fort possible. Les cactus ne sont pas seulement tolérants à la sécheresse, ils ont besoin d'une certaine sécheresse pour survivre. Leurs racines pourrissent facilement et un excès d'eau peut les tuer.

Malheureusement, les symptômes de l'excès d'eau chez les cactus sont très trompeurs. Au début, les plantes de cactus trop arrosées montrent en fait des signes de santé et de bonheur. Ils peuvent se gonfler et avoir de nouvelles pousses. Sous terre, cependant, les racines souffrent.

Lorsqu'elles sont gorgées d'eau, les racines meurent et pourrissent. Plus les racines meurent, plus la plante en surface commence à se détériorer, devenant généralement molle et changeant de couleur. À ce stade, il est peut-être trop tard pour la sauver. Il est important de détecter les symptômes tôt, lorsque le cactus est dodu et en pleine croissance, et de ralentir considérablement l'arrosage à ce moment-là.

Comment éviter l'arrosage excessif des plantes de cactus ?

La meilleure règle à suivre pour éviter d'avoir des plantes de cactus avec trop d'eau est simplement de laisser le milieu de culture de votre cactus sécher beaucoup entre les arrosages. En fait, les quelques centimètres supérieurs (8 cm) doivent être complètement secs.

Toutes les plantes ont besoin de moins d'eau en hiver et les cactus ne font pas exception. Il se peut que votre cactus n'ait besoin d'être arrosé qu'une fois par mois ou même moins pendant les mois d'hiver. Quelle que soit la période de l'année, il est essentiel de ne pas laisser les racines de votre cactus dans l'eau stagnante. Assurez-vous que votre milieu de culture se draine très bien et videz toujours la soucoupe des cactus cultivés en conteneur si de l'eau s'y accumule.

TRAITER LES PROBLÈMES FONGIQUES DES CACTUS

Les problèmes fongiques touchent presque toutes les formes de plantes. Le nombre d'organismes fongiques est stupéfiant et la plupart survivent en restant dormants pendant de longues périodes. Les lésions fongiques sur les cactus peuvent être causées par un grand nombre de types de champignons, mais ce qu'il faut retenir, c'est ce qui provoque leur colonisation et comment prévenir leurs dégâts. De cette façon, le jardinier est armé de connaissances sur la façon de traiter les champignons sur les cactus si des symptômes de maladie se développent. Certaines maladies fongiques causent simplement des dommages esthétiques, tandis que d'autres peuvent se transformer en pourritures qui rongent complètement le cactus de l'intérieur.

Types de dommages fongiques chez les cactus

Le grand nombre d'espèces de cactus ne peut être surpassé que par l'énorme quantité de variétés de champignons. Les taches de champignons sur les coussinets des cactus sont courantes, comme dans le cas de la tache de Phyllosticta pad. Il est souvent impossible de diagnostiquer quel organisme fongique est à l'origine des taches, mais cela n'a souvent pas d'importance puisque les traitements sont généralement les mêmes.

Quelques types de champignons endommagent les racines et finalement la plante entière, donc une fois que leurs dommages visuels sont visibles, il est trop tard pour la plante. Les simples taches fongiques topiques sont beaucoup plus faciles à combattre et ne mettent généralement pas la vie du cactus en danger, à condition que des mesures soient prises pour lutter contre le champignon en cause.

Les lésions sur les cactus peuvent se présenter de différentes manières. Elles peuvent être rondes, irrégulières, en relief, plates ou de toute autre forme. Beaucoup sont décolorées mais, là encore, les tons peuvent aller du jaune au brun et jusqu'au noir. Certaines sont liégeuses, tandis que d'autres sont suintantes. Ces derniers peuvent suinter un liquide brun, rouillé ou noir, preuve d'une infection grave.

Les cactus les plus fréquemment touchés par les lésions fongiques sont les Opuntia et les Agave. Les lésions fongiques sur les cactus commencent généralement par des taches d'eau ou de légères décolorations sur l'épiderme de la plante. Au fil du temps, à mesure que les champignons mûrissent et se propagent, les symptômes peuvent s'étendre et même ronger le cambium, car la peau de surface se fissure et permet à l'agent pathogène de pénétrer dans la plante.

Causes des lésions fongiques sur les cactus

Les cactus d'extérieur peuvent entrer en contact avec des spores fongiques de différentes manières. Les spores peuvent être soufflées par le vent, le sol, ou contractées par des éclaboussures d'eau. Les plantes dont les coussinets ou les tiges sont constamment humides sont les plus touchées. Les conditions où la pluie ou une forte humidité se combinent à des températures chaudes favorisent la formation de lésions fongiques.

Les taches fongiques sur les coussinets des cactus sont plus fréquentes au printemps. Elles sont également favorisées par les arrosages aériens et dans les zones où l'humidité est élevée. Les spécimens de serre peuvent être particulièrement sensibles, à moins qu'il n'y ait une ventilation adéquate. La condensation ajoute à l'humidité ambiante et favorise la croissance des spores.

Le sol est un autre facteur contributif. De nombreux sols abritent des spores fongiques, qui peuvent persister pendant des années jusqu'à ce que les bonnes conditions soient réunies. Même le terreau acheté peut être contaminé par des spores fongiques.

Comment traiter les champignons sur les cactus ?

Une fois qu'un champignon affecte votre cactus, il peut être difficile de l'arrêter. Si les dégâts ne sont pas graves, une pulvérisation de fongicide peut généralement aider. Si la plante présente des lésions, il est préférable de trouver du matériel sain non infecté et de démarrer une nouvelle plante avec une bouture. Utilisez un couteau stérile pour prélever la bouture et saupoudrez-la de soufre pour tuer les spores qui pourraient y adhérer.

Le contrôle des conditions de culture, avec beaucoup de chaleur, un arrosage sous la tige, un milieu de rempotage stérile et une ventilation, mettra fin à de nombreuses épidémies de champignons. Une autre façon de sauver une plante est de couper les tissus infectés. Cette méthode ne fonctionne pas avec tous les champignons, mais elle peut parfois être efficace. Encore une fois, stérilisez votre outil de coupe et enlevez plus de tissu que ce qui semble être affecté pour vous assurer que tout le pathogène est éliminé. Gardez la zone sèche pendant qu'elle se durcit et surveillez attentivement les signes de réinfection.

LES PLANTES DE CACTUS SE RAMOLLISSENT

Pourquoi mon cactus devient-il mou ?

Le jardinier aride peut se demander "Pourquoi mon cactus se ramollit-il ?". Les causes probables sont les maladies, la culture, un site et des conditions ambiantes inadéquats.

Les cactus ont généralement de faibles besoins en humidité. Ils se développent à des températures supérieures à 21-24 °C dans des endroits ensoleillés et nécessitent peu de nutriments supplémentaires. Les plantes en pot ont besoin de bons trous de drainage et d'un mélange de terre contenant beaucoup de gravier. Les plantes en pleine terre ont des besoins similaires.

Comme toute plante, les cactus peuvent être malades ou endommagés. Les taches molles dans la chair de la plante sont un problème courant. Elles peuvent être décolorées ou liègeuses autour de la tache et le centre est pâteux et humide. Ces taches peuvent être dues à une maladie ou simplement à une blessure mécanique des coussinets et des tiges des cactus. Les problèmes de pourriture des cactus doivent être traités rapidement pour éviter qu'ils ne se propagent au reste de la plante et qu'ils n'entraînent une grave perte de vigueur, qui peut devenir permanente.

Problèmes de cactus avec les maladies fongiques et bactériennes

Les bactéries et les champignons sont introduits dans la plante par des ouvertures dans la chair. Ces ouvertures peuvent être dues à l'activité d'insectes ou d'animaux, à des dommages causés par des objets inanimés ou à des intempéries, comme la grêle. L'action de la blessure n'est pas importante, mais les dommages causés par les spores fongiques ou les bactéries sont cruciaux.

Les conditions chaudes et humides accélèrent la production de spores de champignons et augmentent la production bactérienne. Une fois que l'organisme s'est installé dans votre plante, vous verrez des cactus mous et pâteux. Les symptômes à surveiller sont de petites taches enfoncées, des croûtes décolorées, des zones rondes et molles entourées de fructifications et des points noirs ou d'autres couleurs à la surface de la peau du cactus. Vous pouvez même remarquer un suintement de vos cactus.

Traiter les problèmes de pourriture des cactus

Les problèmes de cactus qui ont atteint la racine entraînent généralement une mort lente de la plante, tandis que les problèmes localisés dans la partie supérieure du corps peuvent être traités facilement. La plupart des cactus réagissent bien à l'excision des tissus malades. Utilisez un couteau stérile bien aiguisé pour déterrer la chair endommagée et laissez le trou s'assécher. N'arrosez pas à la verticale pendant que la plaie se referme.

Si les dommages ont infecté les racines, il n'y a pas grand-chose à faire. Vous pouvez essayer de rempoter la plante, en enlevant la terre malade et en la remplaçant par de la terre stérile. Vous devez bien laver les racines avant de replanter la plante dans un milieu de rempotage frais.

Un cactus mou et spongieux peut également être sauvé en prenant des boutures et en les laissant s'enraciner pour obtenir une nouvelle plante fraîche. Laissez la bouture se calloser pendant quelques jours avant de l'insérer dans le sable. L'enracinement de la bouture peut prendre plusieurs semaines. Cette méthode de propagation produira un cactus sain et identique à la plante mère.

Printed in France by Amazon
Brétigny-sur-Orge, FR